何以中国

故宫博物院◎编

故宫出版社

图书在版编目（CIP）数据

何以中国 / 故宫博物院编 . — 北京：故宫出版社，2022.9
ISBN 978-7-5134-1497-5

Ⅰ. ① 何… Ⅱ . ① 故… Ⅲ . ① 中华文化—通俗读物 Ⅳ . ① K203-49

中国版本图书馆 CIP 数据核字（2022）第 156852 号

何以中国

故宫博物院◎编

出 版 人：章宏伟
责任编辑：宋小军　梅　婷　骆　艳
装帧设计：王　梓
责任印制：常晓辉　顾从辉
出版发行：故宫出版社
地址：北京市东城区景山前街4号　邮编：100009
电话：010-85007800　010-85007817
邮箱：ggcb@culturefc.cn
制版印刷：北京雅昌艺术印刷有限公司
开　　本：787毫米×1092毫米　1/16
印　　张：14.5
版　　次：2022年9月第1版
2022年9月第1次印刷
印　　数：1～10000册
书　　号：ISBN 978-7-5134-1497-5
定　　价：128.00元

指导单位：国家文物局

主办单位：故宫博物院　中央广播电视总台

联合推广：中国建设银行股份有限公司

故宫博物院
THE PALACE MUSEUM

CMG
中央广播电视总台

中国建设银行
China Construction Bank

国家宝藏
THE NATION'S GREATEST TREASURES

序 一

丹青难写是精神

——我们为什么举办“何以中国”大展

“后之视今，亦犹今之视昔。”回望历史，一眼千年。

千年前的1021年，“唐宋八大家”之一的王安石降世。对于如何书写历史，以变法垂范百代的他留下了丰神远韵、雄健峭拔的感叹：“糟粕所传非粹美，丹青难写是精神。”

百年前的1921年，探索中华民族历史本源的中国现代考古学诞生。中华文明上下五千年的尘封卷轴，因一系列重大的考古发现，而不断地被实证、被刷新、被激活。

历史走到今天，身处百年未有之大变局，当我们凝望新时代的如椽巨笔，不禁深思：该如何在这个壮丽时代的“丹青”史册里，为前人和后世挥写新时代中国之“精神”？

正是基于这样的思考，正是源于这样的努力，我们举办了“何以中国”大展，交出一份中国国家媒体的时代答卷。

清晰记得，2018年3月，在中央广播电视总台成立的第一周，我参加了在故宫博物院举办的《国家宝藏》第一季研讨会。当九家知名博物馆的馆长和一众专家促膝围坐，当大家赤诚热烈地探讨总台的创新创造、感谢央视节目给博物馆和文博界带来的思考、触动、激活……我再一次真切地感受到了习近平总书记提出的“让收藏在博物馆里的文物、陈列在广阔大地上的遗产、书写在古籍里的文字都活起来”的现实意义。

也正是在总书记重要指示精神的指引下，从《国家宝藏》到《中国国宝大会》，从《典籍里的中国》到《美术经典中的党史》，从《艺术里的奥林匹克》到《美术里的中国》……近年来，总台通过一次次创造性实践，不断探索新的表达内容和方式，溯源民族根魂，筑牢文化自信，书写新时代的“丹青史卷”。

此次与国家文物局和故宫博物院联合促成这样一件文博盛事，是总台人带着培根铸魂的使命责任，完成的又一次新的探索和尝试。此次大展为何定名为“何以中国”？我想，“何以中国”的回答里，包含着数千年来，中华文明起源和发展的历史脉络、取得的灿烂成就、对人类文明的重大贡献；包含着一百年来，一代代考古人筚路蓝缕、接续努力的傲人成果；包含着党的十八大以来，当代博物馆人、文博学者在历史文化保护传承上的耕耘笃行；也包含着我们作为媒体人为时代画像、为时代立传、为时代明德的执着追求。

中国人讲究“格物致知”。这本沉甸甸的图录，收录了“何以中国”大展中集纳的来自全国 30 家博物馆的 130 余件（套）珍贵文物，横跨八万里，纵贯五千年——何尊、玉琮、皿方罍、金项饰、商鞅方升、长信宫灯、牛虎铜案、后蜀残石经、鄂君启金节、金瓯永固杯、藏文《四部医典》、文渊阁《四库全书》……如果说，观众和读者们感慨最多的是如何将这么多顶级的文物汇集到一起，我们则深知比汇集文物更难的，是完成顶级的思考和表达。诚可谓“黑白之间有七彩，此时无声胜有声”。

报考考古专业，曾是我学生时代未及践行的志愿。或许正是因此，而使每一次面对文物的瞬间，都更容易共情于物中蕴含着的祖先的理想。与古人对话，与先贤交流……一件件无声的文物恰如一位位令我辈敬仰的长者，屹立在我们面前。片片甲骨，包藏着华夏文明的萌芽；何尊的铭文，勾勒出“中国”二字最早的模样；云梦秦简中，留下了大一统起点处律法思想的赫赫威严；皿方罍的器身上，斑驳着流转百年、“完罍归湘”的国运跌宕……泱泱中华，万古江河。一切文明的诞生都离不开大江大河的滋养，而中华文明本身也正像一条日夜奔腾不息的长河，起于涓微，广纳百川，历经五千年风雨，成长为一往无前的浩荡渊流。

大河奔流，不舍昼夜。祖先的思想、创造和精神，沉淀在一件件无语的文物中，就如同河床上的石子，告诉我们这条河曾走过怎样的路、我们的先人有过怎样的喜怒哀乐、悲欢离合，告诉我们博大精深、源远流长的中华文明何谓“源远”，何以“流长”。

士不可以不弘毅。今天的我们，“要在历史前进的逻辑中前进、在时代发展的潮流中发展”。“何以中国”，是我们对自身文化的一次叩问和探寻，是我们为新时代的丹青写出精神！今天的世界，很不太平。或许在不久的将来回望过往，它也是在以一种知古鉴今的方式，正在为世界文明之路提供中国航标！

慎海雄

中宣部副部长

中央广播电视总台台长兼总编辑

2022 壬寅暮春

序二

习近平总书记指出："要立足于中国大地，讲好中国故事。""加强考古成果和历史研究成果的传播，教育引导广大干部群众特别是青少年认识中华文明起源和发展的历史脉络，认识中华文明取得的灿烂成就，认识中华文明对人类文明的重大贡献，不断增强民族凝聚力、民族自豪感。"

2022 年 1 月 26 日至 5 月 4 日，国家文物局支持指导故宫博物院、中央广播电视总台联合全国 29 家博物馆在故宫博物院文华殿举办"何以中国"展。展览单元依水而定，聚焦中华文明长河的"源""流""汇"，将源远流长、博大精深的中华文明视作一条大河，把文明的起源、传承、发展连为一体，比拟于河水的源、流、汇，概括而鲜明地呈示华夏大地何以中国，中华民族何以伟大，中华文明何以博大精深。130 余件（套）文物展品让广大观众近距离感受中华文明的永恒魅力，展览也为文博系统迎接党的二十大胜利召开拉开了序幕。

故宫博物院收藏珍贵文物达 186 万余件（套），是中华文明发展历程的鲜活档案，也是全人类珍贵的文化遗产。在故宫文华殿举办"何以中国"展览，对展现中华文明的传承发展与蓬勃生机具有特殊意义。这不仅是挖掘文化资源、创新展览思路的一次有益尝试，也是文博单位与媒体合作，以全新视角诠释和弘扬中华文明的一次重要探索。

中央广播电视总台为展览提供了重要助力，通过《国家宝藏·展演季》

诠释“何以中国”的时代意义。近年来，总台不断向全社会传播文博事业的最新成果，“国际博物馆日”“文物回归”等活动报道，《国家宝藏》《如果国宝会说话》《中国国宝大会》《中国考古大会》《古韵新声》等系列节目深受观众喜爱，引发“博物馆热”“考古热”，让中华优秀传统文化的精髓广为传播、深入人心。

习近平总书记指出：“如果没有中华五千年文明，哪里有什么中国特色？如果不是中国特色，哪有我们今天这么成功的中国特色社会主义道路？”回顾历史，支撑我们这个古老民族走到今天的，支撑五千多年中华文明延绵至今的，是植根于中华民族血脉深处的文化基因。展望未来，在民族复兴伟大征程上，我们要到达更远的彼岸、创造更加辉煌的成就，就必须增强历史自觉，寻根固本、鉴往知来。全国文博工作者要始终坚持以习近平新时代中国特色社会主义思想为指引，持续深入挖掘文化遗产所蕴含的文化内涵和时代价值，让收藏在博物馆里的文物、陈列在广阔大地上的遗产、书写在古籍里的文字真正地活起来，以更加开放包容的胸怀，在更加广阔的平台上，展示我们对于“何以中国”的时代答案。

李　群

文化和旅游部副部长

国家文物局局长

序 三

在多方共同努力下，由国家文物局指导，故宫博物院和中央广播电视总台共同主办，中国建设银行联合推广的“何以中国”展于 2022 年 1 月 26 日在故宫文华殿拉开了帷幕。此次展览是故宫博物院 2022 年开年首场大展，跨越壬寅年春节、北京冬奥会、清明节、劳动节等重要节日活动，以宏大的选题视野、流畅的展览叙事、全新的内容表达、故宫特色的展陈形式，为公众奉献一场丰富精彩的文化大餐。

“文华”二字寓意“国家之重所，文物之精华”，文渊阁在清代曾作为第一部《四库全书》的储存场所，所以在这一文风鼎盛、典藏咸集的区域举办“何以中国”展，可谓一件文化盛事。展览汇集全国 30 家文博机构的 130 余件（套）珍贵文物，将中华五千年文明比拟为一条大河，将文明的起源、传承、发展比拟于河水的“源”“流”“汇”，并以这三个单元为脉络，描绘一幅中华文明长河奔涌向前的历史画卷，展现了中华文明的历史起源、发展脉络、灿烂成就和对世界文明的重大贡献。展览的每一件参展文物都有精彩的故事、深远的意义，同时又不是孤立的个体，而是通过严密的展览逻辑串联在一起，以物记事、以事叙史、以史启思，呈上我国文博工作者对于“何以中国”的时代答案。

习近平总书记指出，“在历史长河中，中华民族形成了伟大民族精神和优秀传统文化，这是中华民族生生不息、长盛不衰的文化基因，也是实现中华民族伟大复兴的精神力量”。此次“何以中国”展便是我们牢记总书记嘱托，立足“讲好中国故事”，让历史说话，让文物说话，用全新的视角诠释中华文明内在特质的一次尝试和努力。展览旨在引领社会公众走进历史长河深处，更好地认识源远流长、博大精深的中华文明，增强民族自尊和自信，并从对历史的深入思考中汲取智慧、走向未来。

故宫博物院是在明清紫禁城和宫廷旧藏文物的基础上建立起来的大型综合公共文化机构，它既是世界文化遗产——故宫的管理机构，也是我国最为著名的国家级博物馆和旅游胜地。故宫及其收藏的 186 万余件（套）文物，见证了六百年兴衰荣辱，更是中华五千年文明的积淀和承载者，中华民族绵延不断的历史文化在此均能得到充分的印证。

近年来，故宫博物院积极贯彻落实习近平总书记关于加强历史文化遗产保护的重要论述和重要批示、指示，深入挖掘故宫所蕴含的丰富内涵，推动中华优秀传统文化创造性转化、创新性发展，切实以满足人民日益增长的美好生活需要为出发点和落脚点，以丰富多元的文化成果滋养社会，不断提升中华文化的深远影响力。当前我国进入全面建设“文化强国”的新征程，在两个“一百年”的历史交汇点上，故宫博物院坚持守正创新，以习近平新时代中国特色社会主义思想为指导，深入落实“保护为主、抢救第一、合理利用、加强管理”的文物工作方针，真实完整地保护并负责任地传承弘扬故宫承载的中华优秀传统文化。以“平安故宫、学术故宫、数字故宫、活力故宫”建设为支撑，努力将故宫博物院建成国际一流博物馆，世界文化遗产保护的典范，文化和旅游融合的引领者，文明交流互鉴的中华文化会客厅，为新时代坚持和发展中国特色社会主义，实现中华民族伟大复兴贡献更多故宫的智慧和力量。

王旭东

故宫博物院院长

2022 年 3 月

目录

前 言

中华文明，是人类历史上唯一未曾中断的原生文明，具有强大的凝聚力、延续力和融合力，表现出多元一体、连绵不绝、兼容并蓄的文化特质。“何以中国”展尝试以意象化的表达，将源远流长、博大精深的中华文明视作一条大河，将文明的起源、传承、发展连为一体，比拟于河水的源、流、汇。

中华文明始自涓微，百万年人类史、一万年文化史、五千多年文明史先后发祥，如满天星斗，又如重瓣花朵，是谓“源”；而后逐次凝聚，成涧成溪，沿民族融合、交流互鉴、人与自然和谐共生之路不断演进，是谓“流”；荟萃精华，兼济天下，创造基于人民福祉的思想、制度体系和科学文化艺术成果，深刻影响人类文明进程，是为“汇”。

习近平总书记指出，要立足中国大地，讲好中国故事。本展览即依托一条浩丽江河的生动形象，在“源”“流”“汇”三个贯穿一体的单元中，展现中华文明的起源及发展脉络、取得的灿烂成就、对人类文明的重大贡献，概括而鲜明地呈示华夏大地何以中国，中华民族何以伟大，中华文明何以不朽。

第一章

源

源，水之本也。为雨为露，为泉为渊。

一百年来，经过几代考古人探索未知、揭示本源的接续努力，延伸了历史轴线、增强了历史信度、丰富了历史内涵、活化了历史场景，中华文明起源和发展的历史脉络逐渐清晰。

在亿万年演化而成的神州大地上，先民们象天法祖，开物成务，垦地成田、化兽为畜、聚土作陶、驱牲以牧，共存共生，互通有无，孕育了多元一体的早期文明。

在与自然万物频繁互动中，先民们将对世界的观察、对族群的体认，化金木水土为各式美器，百业俱兴，生作始焉，中华之魂由是发轫。

至春秋战国之际，生产力巨变，生产关系鼎革，历史风云际会，学说百家勃兴，空前的思想激荡与制度探索由此展开。以人为本、天人合一、道法自然、自强不息、和而不同、天下为公的民族性格和统一的多民族国家的制度建构，由是奠基！

一

天地之间

日月星辰，山龙华虫。文明初萌，天地之间。

中华大地幅员辽阔，三级阶梯西东错落。各个地理单元特征鲜明又内外联通，培养了多元的生业，孕育了文明的特质。

先民们在参悟天地、顺应自然的过程中，将思索与感知具象为一件件物品，遂铸羲和之金乌，礼天地以璧琮，定四方于瓦当，见文化于玉龙。而中华文明之河，便在此时涌出第一滴水。

玉　龙

玉龙用一整块黄绿色的闪石玉雕琢而成，有着优美的虹形曲线。头部雕琢单阴线眼，似梭形，大而凸出。脑后长鬣飘逸，神气生动，边缘呈刃状。龙身呈长圆柱形，光素，无肢无爪，无角无鳞，躯体似蛇，弯成“C”形，遒劲有力。中部有穿系孔，如果以绳系挂中孔悬置，则正好水平平衡。

新石器时代红山文化
曲长 60、最宽 21.8、高 25.5 厘米
故宫博物院藏

红山文化是新石器时代北方地区一个重要的考古学文化，距今 6500 ~ 4800 年。C 形龙是目前发现玉器中龙的最早形态之一，对其造型来源有多种说法：有学者认为其祖形的最初来源与猪首有关；也有人认为此龙的祖形为马首形，长鬣更近似于马，极似草原奔马；还有人认为是多种动物的集合体。无论如何，大家均不约而同地将其定名为龙，是被公认的最早的玉质龙。故宫所藏的这件 C 形玉龙是目前所见最大的一件，是红山文化先民的神灵崇拜物，也是中华龙文化的源泉之一。

玉　琮

琮是新石器时代重要礼器。这件玉琮玉质受沁，呈鸡骨白色；截面略呈圆角方形，中间为对钻孔，孔壁打磨光滑，器壁较薄；四角琢刻神人兽面纹，神人额上饰两组平行弦纹带，面部刻划重圈眼，宽扁鼻。这种相对抽象的人兽组合形象，是良渚文化玉琮纹饰的基本特征。

关于琮的用途，有学者推测其最初可能为手镯，因而整体呈圆柱形；伴随发展，外圈逐渐不再加工成圆形，琮呈现出外方内圆的造型；此后器身高度不断增加，并逐渐发展成细高的多节造型，其佩戴功能也日趋弱化，最终演变成礼器。

新石器时代良渚文化
射口直径 8.4、高 9.9 厘米
浙江省杭州市余杭反山出土
浙江省博物馆藏

玉 琮

琮青玉质，有大片黄褐色沁斑。整体为外方内圆的柱形，两端各有一个四方委角形口，中空，对接处未打穿。共 15 节，每节四角均饰简化的神人纹。此件玉琮旧藏斋宫诚肃殿，是故宫博物院现藏良渚文化玉琮中最高的一件。

在良渚文化玉器中，常见此类多节玉琮。从良渚文化墓葬出土玉琮来看，其用途包括彰显墓主人的身份和地位，亦可与圆形玉璧组合，作为良渚先民祭天祀神之礼器。

新石器时代良渚文化
上端射径 6.5、下端射径 5.6、高 34.8 厘米
故宫博物院藏

天坛严格遵循“天圆地方”的设计理念

天圆地方

琮是集中反映良渚先民对宇宙认知的器物。琮外方内圆寓意天、地，琮孔的圆心象征天极与地极，贯穿上下的射孔可穿棍子即为天地柱。琮不仅是用于表征权力、身份和地位的礼仪玉器，也是进行沟通天地巫术活动的一种法器。

“天圆地方”被赋予了丰富的内涵，影响着古人与今人的世界观与价值观。

历代琮形器

良渚文化　浙江省博物馆藏

陶寺文化　故宫博物院藏

明代　故宫博物院藏

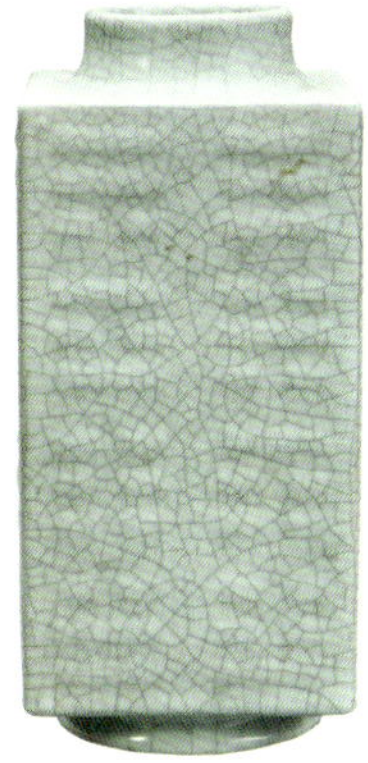

清代　故宫博物院藏

玉　璧

璧青玉质，圆形，可见褐色瑕斑及土黄色包浆。通体光素无纹饰。此件玉璧旧藏漱芳斋，是故宫博物院现藏良渚文化玉璧中体量最大的一件。

玉璧创形古老，贯穿整个中国历史。良渚文化玉璧是良渚墓葬中出土位置变化最多的器类，它可铺垫于墓主背下、头侧、胸腹之上，亦可大量堆在脚端，或置于棺木上。其用途除了作随葬品、象征墓主人地位以外，或为良渚先民与神祖交流的载体。

新石器时代良渚文化
直径 27.9、孔径 4.4、厚 1.2 厘米
故宫博物院藏

玉　圭

圭墨玉质，局部有白色沁，长条形，一端略宽，有刃。另一端有孔，孔为两面对钻。上饰数条弦纹带，间饰细阴线回纹和变形兽面纹。

长方形片状玉器起源于新石器时代，依宽度、刃部、厚度变化分成不同器形，承担不同功能，一直延续到商周时期。这种器形被认为是《周礼》中“六瑞”之一的玉圭，源于新石器时代先民们的生产工具，后演变成玉礼器。

新石器时代龙山文化
长 21.8、宽 5.5、厚 1 厘米
故宫博物院藏

八角星纹长方玉版

玉已鸡骨白化，整器略呈长方形。玉版不平，正面刻划纹饰，略弧凸，反面稍内凹而光素无纹，两面均抛光。玉版四周有 23 个小钻孔。正面刻纹，中心小圆内琢刻八角星纹，两两一组呈十字。小圆外刻琢大圆，大小圆之间以直线平分为八个区域，每个区域内各有一条圭状纹饰，分别指向八方，呈放射状。大圆外有四条圭状纹饰指向四角。

这块玉版出土在墓葬中部，出土时夹在一副玉质龟的背甲、腹甲之间，玉版的四周和玉龟甲上都有穿孔，可能当时悬挂或缝缀于墓主人身上。玉版上刻划图案的意义有多种解释，如可能是太阳纹，天地之神的象征，远古的河图洛书或原始的八卦，古代历法的反映，史前的日晷图像，史前人们对超新星爆发的记录等。这些观点虽然千差万别，但大都认为其具有一定天文学上的意义，故可能成为墓主通神的法器。

新石器时代凌家滩文化
长 11.4、宽 8.3、最厚 1 厘米
安徽省含山县凌家滩遗址出土
故宫博物院藏

玉　龟

玉龟已受沁为鸡骨白色，由背甲和腹甲组合而成，背甲和腹甲上各有钻孔，上下两半玉甲片的小孔正好相对，可以合成一个完整的玉龟甲。

安徽省含山县凌家滩遗址是一处史前大型聚落遗址，也是部落或者部落联盟的中心聚落所在。据测定其年代在距今 5500 ~ 5300 年。2007 年在凌家滩文化遗址 23 号墓中曾发现 3 个玉筒形器，其中一个也为玉龟甲形状，只是较为简化，三器中均有玉签，推测此类玉质龟甲为占卜用器。墓主人应该是具有占卜权力的专职巫师或部落首领。凌家滩文化出现的玉龟、玉签的占卜方式，是以后中原流行龟甲占卜的先声，也是上古时期宇宙观的重要表现。

新石器时代凌家滩文化
背甲长 9.4、宽 7.6、厚 0.8 厘米
腹甲长 7.9、宽 7.5、厚 0.5 厘米
安徽省含山县凌家滩遗址出土
故宫博物院藏

铜太阳形器

1986 年四川广汉三星堆遗址二号坑出土的“太阳形器”均被砸碎并经火燎，其中能识别出 6 件个体。经修复的两件太阳形器构造完全一致，系采用二次铸造法制成：先将阳部、芒条、晕圈铸成，再用嵌铸法与铆铸法将之连接为整体。阳部中心和晕圈上等距分布 5 个圆孔，可能是起安装固定作用。

世界上许多文明都曾存在太阳崇拜。作为四川地区先秦古族的重要信奉习俗之一，太阳崇拜一直延及东周。

商代
直径 85 厘米
阳部直径 28、高 6 厘米
四川省广汉市三星堆遗址出土
四川广汉三星堆博物馆藏

铜神树枝头立鸟

立鸟为三星堆青铜神树残件。鸟有鹰嘴状钩喙，作展翅翘尾状。三星堆遗址二号坑共出土 6 株青铜树，均被砸烂并经火燎，其中以修复后的一号铜神树体量最大、造型最复杂。其树分三层九枝，树身铸神龙，枝头铸花果与立鸟。

关于一号铜神树的内涵，学界据文献记载提出了“建木”“若木”“社树”诸说。或认为其反映了三星堆先民的宇宙观，或认为其九鸟造型表现的是日晕现象。

商代
长 17.5、宽 9、高 21.4 厘米
四川省广汉市三星堆遗址出土
四川广汉三星堆博物馆藏

太阳崇拜

太阳东升西落，创造出光明与黑暗的交替，带给古人日出而作、日落而息的规律生活。阳光遍洒大地，滋养万物生作。对远古先民而言，太阳是伟大且神圣的存在，世界上很多文明都能找到先民对太阳崇拜的痕迹。

青铜神鸟
四川广汉三星堆博物馆藏

青铜神鸟
四川广汉三星堆博物馆藏

青铜神树
四川广汉三星堆博物馆藏

四神瓦当

瓦当是覆盖在屋顶筒瓦最前端的圆形或半圆形装饰构件，当面常装饰动物、植物、文字等纹饰。汉代常用“四神”图案装饰瓦当。“四神”是四种具象的神兽，是古人从四方星宿的天象中联想、抽象出的艺术形象，即东方青龙、西方白虎、南方朱雀、北方玄武。

这组瓦当上的四神造型在圆形的外框内充分舒展，线面参差错落，造型紧凑而灵动，体现出宏大的整体设计特色，以及人与自然融合协调的理念。

汉代
直径 18.7 ~ 19 厘米
故宫博物院藏

四象四向

我国先民在靠近黄道面的纬度地带仰望星空，将天上繁星统分为二十八组，沿黄道赤道分布一圈。这一圈星宿按四方又可分为四组，每组各有七个星宿。根据每组星宿构成的大致形状，人们将其想象为龙、虎、雀、龟的形象，俗称“四象”或“四神”。

四象旗　清代
故宫博物院藏

二 生作在兹

多元并进，自给自足。万民息养，生作在兹。

中华民族依托华夏大地的丰饶物产，开展以耕织为主的生产实践，建立起相对自给自足又相互交流交织的经济社会结构，滋养了参天法道、敬祖惠民、崇德尚礼的思想观念。

在此基础上，中华先民将自然中的资源巧妙运用，展仁德于美玉，藏礼乐于青铜，极工艺于陶火，淬坚毅为剑锋。而中华文明之河，也在这些承载民族特质的器物映照下奔涌向前，川流不息。

带藤条骨耜

骨耜是河姆渡文化最主要的农具，采用鹿、水牛等偶蹄目哺乳动物的肩胛骨凿磨而成。这件骨耜上端柄部厚而窄，截面略成方形，肩臼处凿有横穿方銎，横銎外部残留 16 圈藤条及被藤条紧缚的木柄末端；下端刃部薄而宽，可见方向不一的摩擦痕。这件骨耜是国内迄今为止考古发现的唯一一件保存完整、带有藤条捆绑木柄的史前骨耜，是河姆渡文化农业发展水平的缩影。

新石器时代河姆渡文化
长 18.4、刃宽 9.8 厘米
浙江省余姚市河姆渡遗址出土
浙江省博物馆藏

农　事

《管子·轻重乙》曰："一农之事，必有一耜、一铫、一镰、一鎒、一椎、一铚，然后成为农。"农业是中国古代最基本的经济形态，中国作为历史悠久的文明古国，一直都是农耕大陆型文明的典型代表。在新石器时代早期，我国先民就已掌握了先进的农耕技术，为此后农业的发展奠定了基础。

石磨盘、石磨棒

粗砂岩质，琢磨而成。整体为履底形，盘面平坦呈椭圆形，两端均圆弧状。前部稍宽，后部略窄，腰部由前至后渐收，磨盘下部凿有四柱形足。磨棒近圆柱体，两端细，中部粗。石磨盘与石磨棒是原始的粮食去壳碎粒工具，此类器物常随葬在女性身旁，说明当时粮食加工的任务多由女性负责。这组石磨盘与石磨棒为研究原始社会生产力的发展与生活状况提供了珍贵的实物资料。

新石器时代裴李岗文化
磨长 55.8、宽 32 厘米
棒长 38.5 厘米
河南博物院藏

织　缕

丝绸是中国古代重要的特产，是工业革命以前东西方国际贸易的主要货物之一，一条以“丝绸”命名的交流之路串联起东方与西方。

纺　轮

这件纺轮呈扁平圆形，中间小孔供安插捻杆之用，形成纺专。纺轮是最早的纺纱工具，我国已知年代最早的纺轮出土于河南舞阳贾湖遗址。纺轮的材质有石、玉、陶、木多种，但用途基本一样，均需在轮中打孔以穿捻杆，用于纺纱捻丝。纺轮在新石器时代文化遗存里有大量发现，说明当时纺织生产已十分普遍。

新石器时代
直径 3.2、厚 0.5 厘米
故宫博物院藏

玉　蚕

玉蚕是我国桑蚕业与丝绸文化悠久历史的见证。早在距今 7000 年前河姆渡文化的牙雕中已发现蚕纹，河南巩义双槐树仰韶文化遗址中有写实的蚕形骨雕，红山文化遗址中亦有玉蚕发现。

商周时期玉蚕在制作工艺和艺术风格上也一脉相承，与甲骨文中关于“蚕”“丝”“桑”“帛”的记载一起，讲述着古人养蚕缫丝的故事。

商代
长 5.2、宽 1.3、厚 0.5 厘米
故宫博物院藏

冶　陶

在冶陶的基础上，中国发明出了烧造难度更高、外观更加精美的瓷器。陶器的古朴敦厚，瓷器的温润细腻，都深刻塑造着中国人的审美风尚。

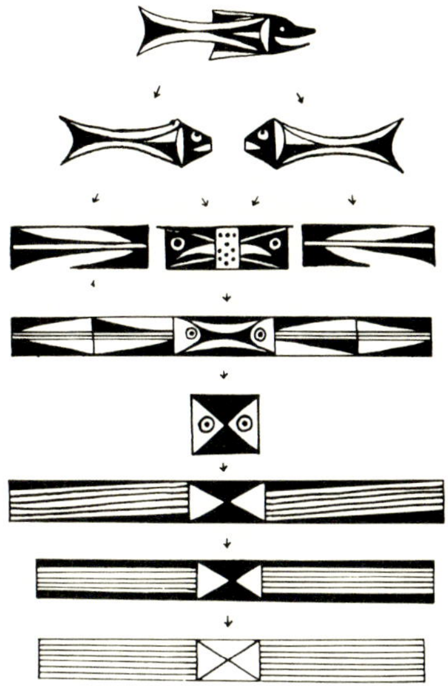

新石器时代彩陶上的鱼纹演变示意图

人头形器口彩陶瓶

陶瓶材质为细泥红陶，含有少量的白色细砂。器口为人头形象，挺鼻小嘴，五官端正，头部装饰有齐刘海。人头双耳有系挂饰物的小孔，瓶身宛若一位穿着花衣的少女。器身绘有黑彩纹饰，圆弧纹与变体鸟纹恰似滚动的黄河水蕴藏着勃勃生机。此瓶纹饰经历着彩陶纹饰由写实向写意转变的过程，表明仰韶文化庙底沟期的先民对艺术有了较为成熟的认知。

新石器时代仰韶文化
口径 4.5、底径 6.8、高 31.8 厘米
甘肃省秦安县大地湾遗址出土
甘肃省博物馆藏

蛋壳黑陶套形杯

“蛋壳陶”为山东龙山文化所特有，是一种陶胎极薄、制作精致、造型小巧、外表漆黑黝亮、质地坚硬的陶器，因其胎“薄如蛋壳”而得名。这件蛋壳黑陶套形杯整器为两部分套合，杯身作宽沿，直壁圜底；下承圆筒状且两端外侈杯柄，上饰平行弦纹数周。该器是龙山文化陶器的杰出典范，代表了4000年前世界上最先进的制陶工艺。

新石器时代龙山文化
口径12、内径4.9、通高16.9厘米
山东省潍坊市姚官庄遗址出土
山东博物馆藏

原始瓷青釉戳印“S”形纹兽头鼎

该鼎方唇，直口，深弧腹，平底，下承以三个兽蹄形足。口沿置一兽首，凸眼，大耳。口下对称置长方形镂空耳。沿上部及腹上部戳印“S”形纹，腹中部刻两周弦纹。器身内、外施青釉，釉色青黄。

原始瓷器通常指以瓷土作胎，器表施人工釉，烧成温度在1200℃左右的器物。因其胎质普遍较疏松，胎釉结合较差，与成熟瓷器相比，整体性能较原始，故称之为“原始瓷器”。

原始瓷器是陶器向瓷器过渡时期的产物，产生于夏代晚期至商代。其分布范围相对广泛，在河南、河北、山东、山西、甘肃、浙江、江西、江苏、湖南、湖北、广东、福建等地均有出土，尤以浙江及周边地区分布较为集中。

战国
口径 10.8、足距 7.9、
高 9.2 厘米
故宫博物院藏

新石器时代陶器主要种类

白陶　故宫博物院藏

红陶　故宫博物院藏

黑陶　故宫博物院藏

原始瓷青釉弦纹罐　故宫博物院藏

原始青瓷出现于约3000多年前的夏末商初，历经西周、春秋、战国、汉代，是从陶向瓷过渡时期的产物。一般来说，它由瓷石制胎，器表施石灰釉，经1200℃高温焙烧而成。因与陶器有本质的区别，但在制造工艺和产品的物理、化学指标上与真正的瓷器相比还具有一定的原始性，故称“原始青瓷”。

	陶器	瓷器
烧制温度	800℃以上	1200℃以上
胚体材质	普通黏土	瓷石、高岭土

玉　作

中国人治玉历史悠久，早在新石器时代就产生了红山、良渚、凌家滩、齐家、石家河等制玉工艺高超的史前文化。玉文化是中华文明的重要组成部分，也是中华文明有别于世界其他文明的典型特征之一。早期玉器常作为装饰、礼仪用器出现；及至周代，玉器的各种品质又与人的德行相关联，成为“君子”随身饰物的标配。不同于对“宝石”的崇拜，尚玉反映出中国人对美的孜孜以求。

青玉籽料　故宫博物院藏

采玉图山子　故宫博物院藏

黄玉鹰攫人首佩

玉料呈青黄色，局部有褐色斑，片状，边缘略薄，两面镂雕图案相同：上部为一只展翅之鹰，鹰头侧转，双爪下垂各抓一人首。鹰身翎羽纹和人首眉目、发等皆是双线勾勒的减地阳文，雕琢细腻，其琢制工艺在新石器时代晚期后石家河文化中常见。此佩图案表现的可能是远古时期氏族图腾，鹰是氏族的徽号。

新石器时代后石家河文化
长 9.1、宽 5.4、厚 0.9 厘米
故宫博物院藏

青玉人龙纹柄形器

此柄形器为青玉质，玉呈淡黄色，上有白色沁。正面雕有人龙纹饰，人物怒发，大眼，张口，刻画细腻；身较长且缠绕曲折。

玉柄形器在夏代至西周的遗址都有发现，西周后逐渐消失。西周玉器是神巫玉文化向礼器玉文化转变的重要时期，一些出土玉柄形器底部有孔洞，推测为插于某件器物上或用以系于腰间。

西周
长 14.7、宽 3.4、厚 1.2 厘米
故宫博物院藏

白玉透雕龙凤纹璧

璧白玉质，局部有褐色沁斑。表面饰勾云纹，两侧各镂雕一凤鸟，璧孔镂雕一螭。玉璧两面形式和纹饰均相同。

玉璧两侧镂雕的凤鸟纹造型夸张，身细长，冠似花蔓。凤鸟的冠及尾均卷为环形，可与其他玉件穿绳缀系，学者推测此玉璧是大型组玉佩中的主要饰件。

西汉
直径 11.4、厚 0.3 厘米
故宫博物院藏

吉　金

中国先民早在新石器时代就逐渐掌握冶金技术，并将其发扬光大，铸就了辉煌灿烂的“青铜时代”。商周时期，中国的青铜铸造技术已经炉火纯青，颇具特色的装饰手法在世界上独树一帜。商周时期青铜器给人以严整、神秘而又美观的感觉。

燕乐渔猎纹壶　故宫博物院藏

少虡剑

此剑腊长，脊在两从间下陷，从宽，前锷狭，格为倒凹字形，圆茎无箍，剑首圆；格嵌绿松石，格、首均饰兽面纹。剑脊两面有错金铭文 20 字：“吉日壬午，作为元用，玄镠铺吕，朕余名之，谓之少虡”，意为：“壬午这天吉日，做了这把好用的剑，做剑的原料是锡和铜。我给这把剑起了一个名字，称为‘少虡’。”

青铜剑多以所有者的名字命名，而此剑有自名，较为少见。铭文“玄镠铺吕”指春秋时期新兴的一种复合剑铸造工艺，即剑体各部位合金比例不同，刃部锡含量高，坚硬锋利，脊部含铜量高，增强韧性，以达到刚柔相济的效果。

春秋
通长 54、宽 5 厘米
重 0.88 千克
山西省浑源县李峪村出土
故宫博物院藏

青铜剑

剑身修长，两面起脊，四从四锷，近锋处有一段束腰，条棱柄从前到后逐渐变窄。柄尾有一圆形穿孔，剑身、剑柄一次铸成。此剑 1989 年出土于秦始皇陵兵马俑一号坑中，出土时近锋处断为两截，现已粘接。剑身有铭文，近格处有一“王”字。此剑工艺属同时代之佳作，代表了战国至秦代青铜兵器铸造技艺与设计理念的长足进步。

秦代
通长 90.3 厘米
秦始皇帝陵博物院藏

皿方罍

皿方罍的主体部分以云雷纹为地，上饰兽面纹、夔龙纹、凤鸟纹；肩部两侧装饰双耳衔环，正面腹部下方置一兽首鋬；四面边角及各面中心共装饰八条凸起的长条钩戟形扉棱。器盖呈庑殿顶形。全器共两处铭文：器身铸“皿作父己尊彝”六字铭文；器盖铸“皿而全作父己尊彝”八字铭文。皿方罍器型硕大，雄浑庄重，雕刻精美，富丽堂皇，被誉为外形与内涵兼具的重器，是我国晚商青铜器鼎盛时期的代表。

1919 年皿方罍由湖南省艾姓农民发现，器盖被送入当地小学作为学费，1949 年以后收归湖南省文物保管委员会；器身则被辗转倒卖，最终流失海外。2014 年，在国家文物局和湖南省人民政府的共同努力下，皿方罍器身最终归国，与器盖团圆。分离近百年后“完罍归湘”，成就了一段佳话。

商代
通高 84.8、器身高 63.6 厘米
湖南博物院藏

三

启蒙奠基

夏人宏规大起，筑宫室以栋梁。商人粹图成字，存文明之星芒。周人制礼作乐，奏编钟于庙堂。

东周时期，生产力显著提升，生产关系剧烈变化。当此时，诸家并出，百花齐放，儒尚仁义、道体无名、法兼势术、兵贵止戈……皆欲塑当世之秩序，焕华夏以新生，故而风云激荡，史称“百家争鸣”。其所争者，为济世之要枢；其所鸣者，为治平之大道。

秦用商君之法，尽七世之烈，终鲸吞六国，混元八表。此后汉承秦制，保一统之基，续先贤之志。作为统一的多民族国家的中国，也由此奠定了强大的思想与制度之源，为中华文明之河奔流千载、滈汗万方提供不竭动力。

契 文

中国的汉字自发明之日起，便以自成一派的表意系统屹立于世界文字之林，孕育出中国独有的哲学思想。

刻辞龟甲

甲骨系商代中晚期刻有文字的龟甲和兽骨，其内容以商王及其宗族的占卜记录为主，涉及天文、历法、地理、战争、祭祀、田猎等，另有少量记事刻辞。甲骨文堪称中国最早自成系统的汉字，是研究商代社会历史、文化、语言文字的重要文献资料。本版甲骨为研究商代占卜制度、医药等，提供了珍贵的一手资料。

商代
长 14.5、宽 8.5 厘米
故宫博物院藏

刻辞龟甲

该版甲骨 1991 年出土于殷墟都城遗址一座甲骨窖藏坑（编号 1991HDH3）内。该甲骨坑位于殷墟宫殿宗庙区南部，保存完好，共出土甲骨 1583 版，其中刻辞甲骨 689 版，绝大多数为龟甲，少量为卜骨。

该版甲骨基本完整，缺右首甲部位，共有 26 段刻辞文字，文字内填墨。卜辞内容涉及用公羊、母羊、公牛等祭祀先祖，用不同弓箭训练射击，以及商王带领王后妇好巡视领地等事。

商代
长 25.7、宽 18 厘米
河南省安阳市殷墟遗址出土
殷墟博物馆藏

刻辞龟甲

此版甲骨内容为商王祭祀河、王亥等先公及大乙等一众先王。此版甲骨可与 YH127 坑内出土的甲骨拼合成一件大龟腹甲，应为同一坑出土。

YH127 坑甲骨是考古学家于 1936 年 6 月在殷墟进行第 13 次发掘时的重大发现，共出土甲骨 1 万多片，数量众多，内容重要，是历次甲骨发掘最重要的一次。

商代
长 9.7、宽 4 厘米
故宫博物院藏

刻辞牛骨

此版甲骨内容为商王祭祀先祖、神灵，祈祷风调雨顺，以及占卜是否率领弓箭手部队追击敌军，是研究商代历史的重要实物。

此件甲骨为明义士旧藏。明义士（1885 ~ 1957 年），加拿大传教士，曾长期在安阳地区工作，购藏大量甲骨。故宫博物院现存有明义士旧藏甲骨约 2 万件。

商代
长 20.4、宽 7 厘米
故宫博物院藏

宗 法

西周时期，以宗法等级制度为基础的一系列政治、经济制度日趋完善。根据文献记载，黄帝的时候“监于万国”，帝尧“合和万国”。为进一步巩固新生政权，武王克商以后，内用嫡长子继承制，外承殷商外服制，在全国上下推行宗法制与分封制。

据《史记·周本纪》记载，周初分封主要分为两类：一为褒封，主要封上古先圣王后裔；二为封功臣谋士，主要封周天子的子弟、同姓及戚属。

鼎是商周时期最重要的青铜器，用以烹煮或盛放肉食，后逐渐成为宴飨、祭祀、征伐、丧葬等活动中的重要礼器。天子用九鼎，配以八簋；诸侯用七鼎六簋；大夫用五鼎四簋，以此类推。

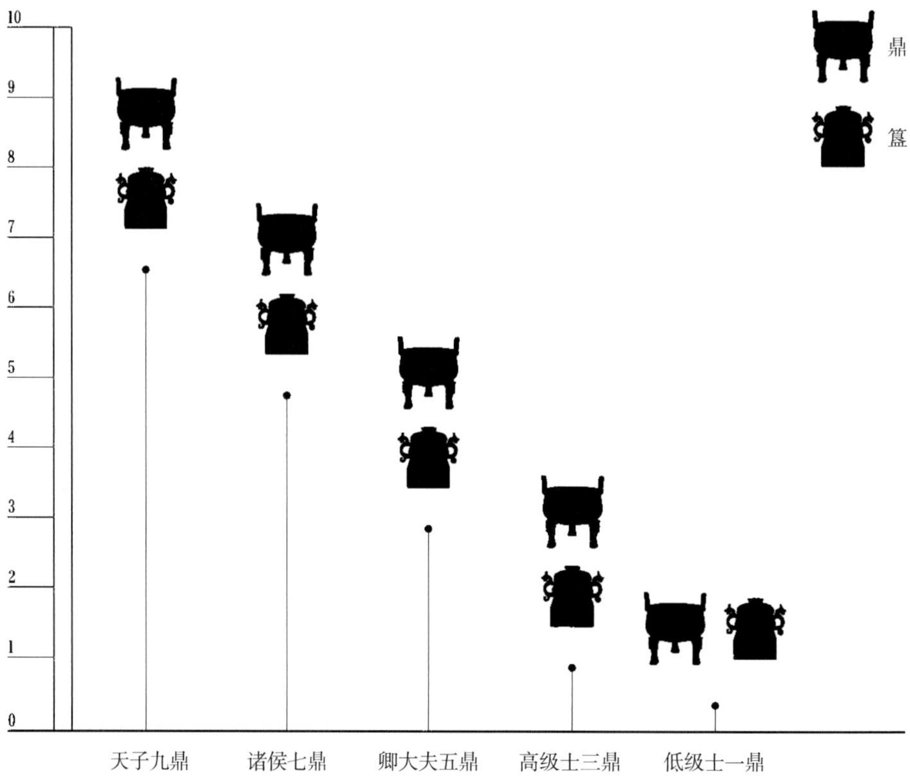

何 尊

何尊是三千多年前西周早期贵族“何”铸造的祭祀先祖的青铜礼器，它庄严狞厉，气势恢宏，其价值更在腹底 12 行 122 字的铭文之中。铭文记载了周成王五年营建东都洛邑的史实，与《尚书》中的《洛诰》《召诰》等历史文献相吻合，为西周历史的研究和青铜器的断代提供了重要的资料。“中国”二字作为一个词组首次出现在“宅兹中国，自之乂民”铭文中，铭文里的“中国”是方位词，是一个地理概念，指的是中心、中央，表示国之中央的意思。

西周
口径 28.8、高 38.8 厘米
重 14.6 千克
陕西省宝鸡市贾村塬出土
宝鸡青铜器博物院藏

小克鼎

这件鼎口部微敛，方唇宽沿，立耳，腹略鼓，腹壁厚实，蹄足，形制厚重。颈部饰三组变形兽面纹，间隔以六道棱脊，腹部饰宽大的环带纹，立耳两侧饰相对的龙纹，三足上部饰凸出的兽首。此鼎整体气魄雄浑，威严庄重，纹饰疏朗畅达，不以细致见工。

小克鼎内壁铸铭文 8 行 72 字。

克组铜器有大克鼎、小克鼎、克镈、克钟、克盨、克壶等，除克壶为宋代出土外，其余诸器皆于清光绪十六年（1890 年）在陕西省扶风县任村出土。

西周
高 35.4、宽 33.6 厘米
重 12.54 千克
故宫博物院藏

小克鼎铭文拓片
西周
故宫博物院藏

唯王二十又三年九月，王在宗周，王命膳夫克舍命于成周，遹正八师之年，克作朕皇祖釐季宝宗彝。克其日用䵼朕辟鲁，用介康、纯祐、眉寿、永命、灵终。万年无疆，克其子子孙孙永宝用。

铭文大意：在周王二十三年的九月，王在西部周原旧都宗周，周王命令膳夫克去东部新都成周洛阳发布命令，整肃王的部队——成周八师。就在这一年克做了这批纪念其伟大祖父釐季并置于其宗庙中的宝贵彝器。克每日用它来祭享祖先，同时也就每日在宣扬他的主人周王的厚重美意。用来祈求康顺、福佑、老寿、长命、善终。愿克万年无疆，克的子孙后代永远宝用这批彝器。

追 簋

簋为盛食器。这件簋器体较大，侈口，鼓腹，圈足，下附方座；隆盖，顶有圆形捉手；腹部两侧以回顾形龙为耳。盖缘、口沿下饰窃曲纹，腹部饰连体龙纹，方座饰卷体龙纹。清宫旧藏，原藏颐和园。盖器同铭，各铸 7 行 60 字。

传世的追簋共 6 件，现有 2 件藏于北京故宫博物院，1 件藏于台北故宫博物院，1 件藏于美国旧金山亚洲艺术博物馆，1 件在日本东京书道博物馆，另有 1 件下落不明。

西周
高 38.8、宽 44.5 厘米
重 18.9 千克
故宫博物院藏

追篮铭文拓片
西周
故宫博物院藏

追虘夙夕恤厥死事，天子多赐追休。追敢对天子覭扬，用作朕皇祖考尊簋。用享孝于前文人，用祈介眉寿永令，畯臣天子，霝终。追其万年子子孙孙永宝用。

铭文大意：追虘敬地日夜不息地做他的职事，周天子多次给他奖赏鼓励。追为答谢和宣扬天子的美意，因而做了纪念他死去的父祖的簋。用来祭奠死去的祖先们，以祈求老寿、长命、善终，永作天子之臣。追的子孙后代万年永宝用这件簋。

礼 乐

《史记·乐书》载："乐者，德之华也；金石丝竹，乐之器也。"

"礼"源自远古祭祀活动，在西周时期逐渐成为巩固统治与约束行为规范的典章制度；"乐"同样发端于先民在祭祀活动中表达感情的活动，"礼"与"乐"共同成为维系周朝社会稳定的工具，合称"礼乐制度"。

这是世界上已知年代最早的可吹奏乐器，出土于距今 9000 ~ 7800 年的河南省舞阳县贾湖遗址。

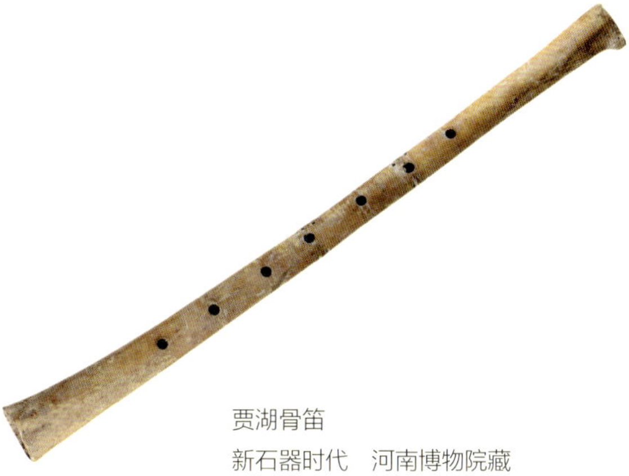

贾湖骨笛
新石器时代　河南博物院藏

曾侯乙编钟　战国　湖北省博物馆藏

战国早期曾侯乙编钟，有七声音阶，音域宽广，并具有旋宫转调的能力，是研究中国古代音乐发展史及青铜铸造工艺的重要实物资料。

蟠螭纹编镈

三器均为阔腔平口，截面呈椭圆形。钮为镂空的蟠螭形，舞、篆、隧等处饰三角雷纹构成的蟠螭纹，器身两面有蟠虺组成的 36 个螺旋形枚，钲间、篆间有阳线作为界格，鼓部饰三角雷纹构成的夔纹。

镈为大型打击乐器，盛行于春秋战国时期，是贵族在宴飨或祭祀时，与编钟、编磬相和使用的乐器。此套编镈形体硕大，厚重中寓精巧，威严中寓柔美。

春秋
通高 54.5、宽 36.3 厘米；通高 58.3、宽 39.9 厘米；通高 61.4、宽 42.1 厘米
故宫博物院藏

编　钟

钟呈合瓦形，舞上有拱身双首状兽钮，钲与篆带有阴线纹边框。枚呈螺旋状，如常规排列。舞上、篆间与鼓部均饰蟠螭纹。河南新郑中行郑国祭祀遗址发现青铜编钟坑 11 个，乐钟数量达 206 件。大量祭祀用钟的出现，不仅证明了乐在祭礼活动中的重要作用，同时也为久已湮灭的“郑声”的音律、音列结构、演奏方法等提供了丰富的实物信息。

春秋
通高 14.1 ~ 29.1、铣长 11.2 ~ 23.7、舞修 6.3 ~ 13.5 厘米
河南博物院藏

蟠螭纹编钟

此套编钟器体椭圆，尖角，桥形口，桥钮。每件饰 36 个短枚，围以绹纹，钮、篆饰蟠虺纹，两舞饰双蟠螭纹。铜胎质量上乘，造型优美，纹饰秀丽，是同类器物中的精品，具有很高的艺术价值。

编钟是宗庙祭祀与宗族宴飨时使用的打击乐器，使用时大小相次悬挂，用木槌敲击。在礼乐制度中，编钟的数量与悬挂方式也有分等级、定名位的作用。

战国
通高 11.5 ~ 21.1、宽 7.8 ~ 14.6 厘米
故宫博物院藏

青玉镂雕双龙首形璜

璜青玉质，有沁斑，扁平薄片状。两端雕对称的龙首形，两龙分向左右回首，龙眼圆睁，独角上旋，张口，龙体向后蜷曲。通体阴刻龙形轮廓线，上饰勾连谷纹。龙身上下镂雕勾云纹，形似两小龙相背。顶部相对云纹间有菱形小孔，可供穿系。

古代玉璜有多种用途，《周礼》载“以玄璜礼北方”是以璜为礼器。玉璜还是周代组玉佩中的重要部件，长而复杂的组玉佩代表着身份的高贵。这件玉璜雕工精致，设计奇巧，体现了战国玉工的高超技艺。

战国
长 13.5、宽 7、厚 0.3 厘米
安徽省长丰县杨公乡战国墓出土
故宫博物院藏

货　殖

基于冶炼技术的日益成熟，金属货币已经成为市场流通的主流货币类别。战国时期各诸侯国主要流通的币种有布币、刀币、圜钱、蚁鼻钱等。

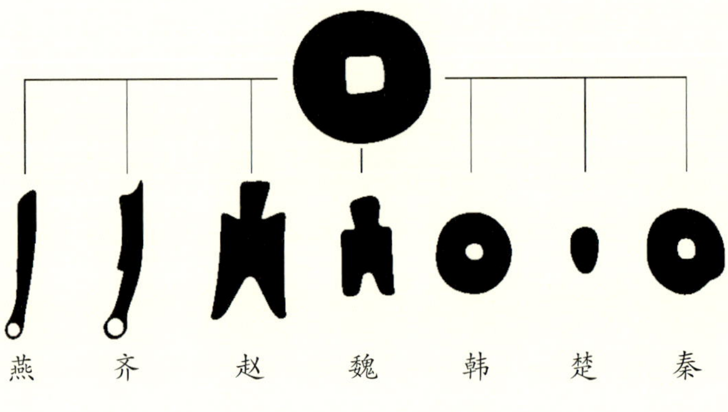

“节墨之法化”刀币

“节墨之法化”刀币形体较大，制作精美，为春秋齐国晚期青铜铸币。币形如刀状，背弧形，柄端有环。

币面铸阳文五字“节墨之法化”，节墨，指即墨，为古地名，其地在今山东平度东南，春秋前期为莱之棠邑。齐灵公十五年（前 567 年），齐灭莱，即墨遂成齐之重邑。《元和郡县志》：“城临墨水，故曰即墨。”“化”通货，“法化”指法定货币。背文“安邦”为吉祥语，与纪念即墨入齐这一事件相关。

春秋
长 21.8、宽 5.5、厚 1 厘米
故宫博物院藏

“平阳”方足布

平首方足，面文“平阳”二字为战国地名，史书记载有三：一为战国早期韩都城，其地在今山西临汾西南；一为春秋卫国都邑，战国属魏，其地在今河南滑县南；一为战国赵邑，其地在今河北临漳西南。“平阳”方足布为战国中晚期赵国货币。

战国
长 4.6、宽 2.8 厘米
故宫博物院藏

“巽”铜仿贝币

战国
长 1.7、宽 1.1 厘米
故宫博物院藏

钱体上圆下尖，正面隆起，背面平夷，青铜铸造。因形似商周时期的海贝，也被称为铜仿贝。铜仿贝是战国时期楚国铜铸币的主要种类，因其形似“鬼脸”和蚂蚁头部,所以又被称为“鬼脸钱”或“蚁鼻钱”。

楚铜仿贝币面部多有文字,如“君”“行”“各六朱”等。此钱面文一“巽”字,有学者读为“钱”“鐉”，有金钱之意。出土甚多，当为楚铜仿贝币的主要形式。

“半两”钱

秦代
直径 3.4 厘米
故宫博物院藏

圜钱是仿照纺轮的形状铸造的青铜铸币。战国中期以后，圜钱作为货币具备便于携带与收藏的优势，能够适应经济的发展，更好地满足商业发展的需求。

三晋最先铸行圜钱，秦、齐、燕在其影响下也开始铸造。圜钱分为圆孔和方孔两种，三晋多通行圆孔钱，齐、燕通行方孔钱，秦自商鞅变法后并行两种圜钱。秦钱面文多标识重量，有“两”“锱”“铢”等。《汉书·食货志》中“文曰半两，重如其文”指的即是秦制半两。秦制一两等于四锱，一锱等于六铢。《史记 · 秦始皇本纪》记载，秦惠文王二年（前 336 年）开始铸行半两钱，至秦始皇统一六国货币，圜钱形制遂一直沿用至清代。

国　制

春秋战国时期，随着经济的快速发展，中华大地上掀起了一场革新的社会浪潮。在此期间，一系列制度被最终确立，深远地影响着后世。

辟大夫虎符

该器为齐国器，呈伏虎状，仅存右半，有铭文九字，合文一字，意为“填丘（临淄）颁发给塿驻地大夫的信节”。古代使用虎符来传达军事命令、调动军队。使用时制成两半的虎符右半留存国君之手，左半交给统帅，两者相合方可调遣军队。

战国
长 8、高 3.6 厘米
故宫博物院藏

杜虎符

作走虎形，昂首环眼，张口，颈部前探，耳向后贴，收腹弯背，两腿前屈，尾端上卷。胸腹部有一处三角形凸榫，后臀部有一卵形凹槽。虎身正面有错金铭文九行四十字：“兵甲之符，右在君，左在杜，凡兴士披甲，用兵五十人以上，必会君符，乃敢行之，燔燧之事，虽毋会符，行殹。”

战国
长 9.5、高 4.4、厚 0.7 厘米
重 0.08 千克
陕西省西安市北沈家桥村出土
陕西历史博物馆藏

鄂君启金节

鄂君启金节目前共发现五件，其中两件车节及一件舟节收藏于安徽博物院。金节是战国时期楚王颁发给鄂君启运输商品的免税通行证。“鄂”是地名，“启”是鄂君之名，“金节”是自名。金节表面有错金铭文，车节 148 字，舟节 164 字。根据金节铭文可知，此节铸于楚怀王六年（前 323 年）。金节所载的通行路线分别为自鄂至郢的水陆路线。铭文内容不仅涉及诸多古地名、古河流名，对于禁运物资等方面亦有详细规定。

鄂君启金节为研究战国时期用节方法、关税制度、水陆交通、经济贸易、历史地理以及楚王与封君关系等内容提供了珍贵资料。

舟节

车节

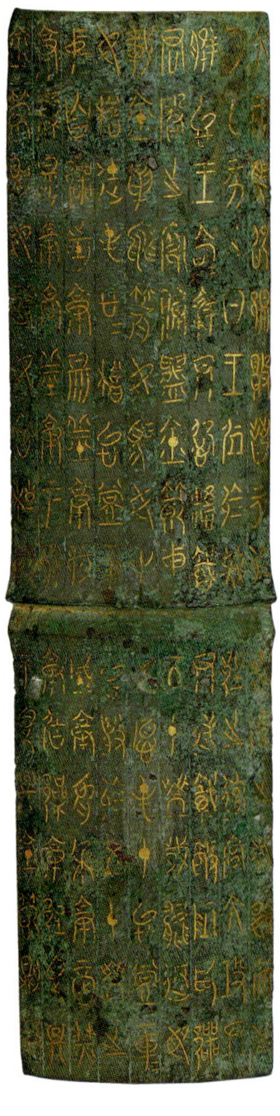

战国
（车节）长 29.5 、宽 7.2 厘米
安徽省寿县邱家花园出土
（舟节）长 31、宽 7.2 厘米
安徽省蒙城县征集
安徽博物院藏

“节”是古代一种凭信物，相当于后来的文书。从铭文“为鄂君启之府商铸金节”，可知“金节”是楚怀王为封君鄂君启铸造，为其经商之用。金节的出土，说明春秋战国时期商业已经发展到较高水平。

大司马邵阳败晋师于襄陵之岁，夏层之月，乙亥之日，王尻于茷郢之游宫，大攻尹脽以王命命集尹悤稽、裁尹逆、裁令阠为鄦君启之府賌铸金节。车五十乘，岁翼返。毋载金革黽箭，如马、如牛、如德，屯十以堂一车；如檐徒，屯二十担以堂一车，以毁于五十乘之中。自鄦市，适阳丘，适邡城，适兔禾，适栖焚，适繇阳，适高丘，适下蔡，适居鄵，适郢。见其金节则毋政，毋舍槫飤。不见其金节则政。

舟节

大司马邵鄒败晋师于襄陵之岁，夏层之月，乙亥之日，王尻于茷郢之游宫，大攻尹脽以王命命集尹悤稽、裁尹逆、裁令阠为鄦君启之府賌铸金节。屯三舟为一舿，五十舿，岁翼返。自鄦市，逾沽，让汉，适厈，适芸阳，逾汉，适邺，逾夏，内邔，逾江，适彭㢃，适松阳，内濤江，适爰陵。让江，内湘，适諜，适邶阳，内灩，适郙；内澬、沅、澧、澹。让江，适木闢，适郢。见其金节则毋政，毋舍槫飤。不见其金节则政。如载马牛羊以出内关，则政于大府，毋政于关。

车节

云梦睡虎地秦简

1975 年，在湖北云梦睡虎地发掘了 12 座秦墓。其中 11 号墓墓主是秦安陆一位名叫“喜”的官吏，他的随葬品中包括大量法律、日书等秦代文献。

本组睡虎地秦简取自《法律答问》篇。公元前 278 年，秦将白起攻陷楚郢都，设为南郡。秦在楚国故地实行秦法，“以法为教”，革除楚国旧俗。《法律答问》共计 210 枚竹简，多采用答问形式对秦律某些条文、术语以及律文的意图作出明确解释。秦代“以吏为师”，而《法律答问》可能就是当时培训官吏时使用的教材。

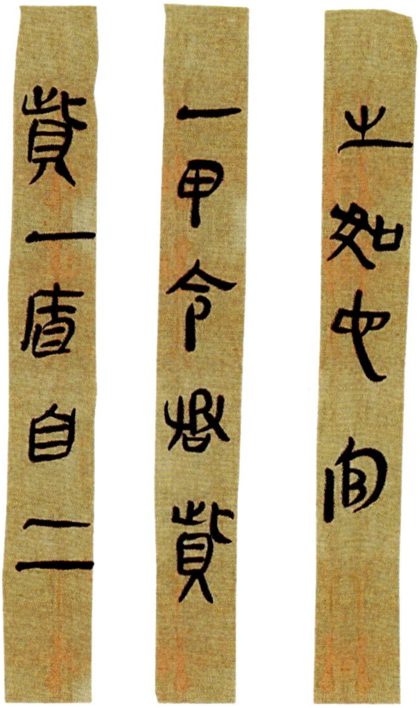

战国
长 23、宽 0.5 ~ 0.7 厘米
湖北省云梦县睡虎地 11 号墓出土
湖北省博物馆藏

云梦睡虎地秦简是首次系统发现的秦律实物。秦律涉及农业生产、市场交易、徭役征发、官吏职掌、少数民族关系等各个方面，从中可以看出秦的律法体系已经十分细密详备。秦律对汉代以及此后中国传统法律产生了深远影响。

法律答问

法家不别亲疏，不殊贵贱，一断于法。——《史记·太史公自序》

本组竹简具体分析了五个案例。

第一个案例：甲盗取财物价值千钱，乙在知情的情况下分赃一钱，则二人同罪。

第二个案例：撬锁应处以赎黥（在人面上刺字，可以以钱财赎罪）。如果有意盗窃，即使没有撬开，也应当处以赎黥。如果没有盗窃的意图，只有撬开，才可以被处以赎黥；若没有撬开，则仅缴纳两副甲作为处罚。

第三个案例：丈夫因为妻子骄悍而殴打了妻子，导致妻子耳朵撕裂、骨折、脱臼，则丈夫应当处以耐刑（剃除鬓毛胡须）。

第四个案例：两个人持剑相斗，一人削掉了另一人的发髻，则应被处以城旦（筑城的苦役）徒刑。

第五个案例：盗贼在大街上杀人伤人，周围袖手旁观的人，距离百步之内者，与发生在野外的情况相同，要缴纳两副甲作为处罚。

一　统

秦君"奋六世之余烈"，终于在嬴政这一代实现了对中华大地的统一。登基后的秦始皇在全国范围内颁布一系列以秦制为基础的改革诏令，车同轨书同文，统一货币与度量衡，颁布统一的律法，推行郡县制度……使中国不仅在地域疆土上实现了统一，更在经济、文化、军事、律法等诸多方面实现了真正的一统。

各国铜量对比

秦国铜量	1 升约为 202 毫升	1 斗等于 10 升
齐国铜量	1 升约为 205 毫升	1 豆等于 5 升
楚国铜量	1 升为 220 ~ 230 毫升	1 □等于 5 升
三晋铜量	1 升为 180 ~ 185 毫升	1 斗等于 10 升

商鞅方升

此器为秦孝公十八年（前 344 年）商鞅担任大良造时所铸，是商鞅变法统一度量衡时所监制的标准量器。升的容量是十六又五分之一立方寸，实测容积为 202.15 立方厘米。

器壁三面及底部均刻有铭文，底部铭文为秦始皇统一中国后加刻的始皇诏书，证明此升连续使用 120 多年，是秦始皇法令的标准参照；与柄相对的一端刻县名"重泉"，为铸造后加刻制造地点。商鞅方升是已知商鞅变法的仅存物质实证，为研究秦国量制提供了重要的一手资料。

战国
通长 18.7、升宽 7.9 厘米
上海博物馆藏

孔子见老子画像石

这件画像石画面右侧二人躬身相对,左边一人榜题"孔子",右边一人榜题"老子",孔子与老子中间手推独轮车的小童当为项橐。画面塑造的孔子形象彬彬有礼，洗耳恭听；老子渊博多才，老成持重。"孔子见老子"是著名的历史典故，见载于诸多历史典籍,体现了中国人尊师重教的优秀传统。汉代的石刻艺术家们在雕刻此画像石时,巧妙地运用艺术造型技巧，在刻画人物时，不过分注重面部的细微表情，而是通过人物的形态、动作等来表现人物的个性特征。

汉代
纵 48、横 111、厚 21 厘米
山东省嘉祥县五老洼出土
山东博物馆

“五星出东方利中国”锦护膊

该锦为长方形，圆角、绢缘、缀带，出土时位于墓中男主人的臂肘腰部。护膊锦为面，白绢为里衬，呈长方形，四边用白绢包缘，长边各缝缀三根黄绢带。锦为蓝色地，采用经线提花的织造方法制作，以宝蓝、绛红、草绿、明黄和白色等五组色经织出星纹、云纹、孔雀、仙鹤、辟邪和虎纹；以卷曲的植物藤蔓及两蕾一花作间隔，在花纹中间织出汉字隶书“五星出东方利中国”。

这件锦由当时最高级的五色经锦组织，织地厚实，色彩配置十分经典，图案纹样瑰丽流畅，是汉代提花丝织技术最高水平的真实写照。锦上出现的“中国”两字，说明当时对“中国”的方位和地位已有明确指定。

汉代
长 18.5、宽 12.5 厘米
新疆维吾尔自治区民丰县尼雅 1 号墓出土
新疆维吾尔自治区博物馆藏

五星出東方利中國

第二章

流

流，集多源之水。凭借涓滴，方成川圳。

中华文明之流，亘古及今，延绵不绝。漫长的岁月中，在域内各民族间的一次次水乳交融里，中华民族的范畴不断发展与丰富。在与域外文明的一次次辉映互鉴下，世界认识了中国，中国也倾听了世界。在与自然万物的一次次对话互动中，中华民族不断更新对宇宙的认知、调整与环境的关系，凝练出天、地、人合一的东方智慧。

历经数千载的积淀与传承，中华文明的步伐日益坚定，流向与时俱新。凭仗历代先贤的智慧、自然造化的瑰丽，中华文明在构建中华民族共同体、人类命运共同体、地球生命共同体的道路上奋勇前行。

一

血脉相依

中华民族由多民族凝聚而成，血肉相连，唇齿相依。

在中华文明的历史长河中，各民族共同开拓辽阔疆域，共同书写悠久历史，共同创造灿烂文化，共同培育伟大精神。

各民族在分布上交错杂居、文化上兼收并蓄、经济上相互依存、情感上相互亲近，形成了你中有我、我中有你，谁也离不开谁的多元一体格局。

牛虎铜案

牛虎铜案为云南江川李家山遗址出土的青铜器之一，用以在祭祀活动中盛放献祭的牲畜。造型、功能类似中原民族使用的四足案俎。铜案以大瘤牛的脊背为案面，后有老虎攀噬，下有小牛新生，自然界的生生不息由此体现。它以一种前所未见的方式，将当时滇人生活的环境真实、清晰地展现在世人面前。

战国
长 76、宽 36、高 43 厘米
云南省玉溪市江川区李家山遗址出土
云南省博物馆藏

四牛鎏金骑士铜贮贝器
战国　云南省博物馆藏

晋代驼钮官印

民族官印不仅是持信之物和权力象征，也是民族关系的重要见证。此类玺印顶部通常铸制驼、马、羊等造型的印钮，其中驼钮多见于东汉至魏晋时期中央朝廷颁发给西北地区和北方少数民族首领的官印。

金驼钮“晋归义羌侯”印

印为金质，驼钮。阴文小篆“晋归义羌侯”五字，字体方正，布局严谨，笔画平直，呈现出典型的晋代官印文字风格。印文所刻“归义”二字，即“慕义归化”，是对少数民族诚心归顺于中央朝廷的褒扬。

羌是生活在今甘肃、青海、四川等地区的古老民族，部落内由王、侯、相统领。从汉武帝开河西到魏晋时期，羌族首领多受中央王朝的拜封。目前存世的魏晋时期羌族下级官吏的印章有一定数量，而王侯印章较少，金印更是极为罕见。

晋代
边长 2.3、高 3 厘米
甘肃省博物馆藏

铜鎏金驼钮“晋归义氐王”印

印为铜质，鎏金，驼钮，白文，右上起顺读,为“晋归义氐王”。驼钮头部较小，嘴部单薄，驼背平且无峰，穿孔为圆形。印文笔画平正。此印是晋朝授予内附氐族部落的王印。

西晋
边长 2.2、高 2.7 厘米
故宫博物院藏

铜鎏金驼钮“亲晋胡王”印

印为铜质，鎏金，驼钮，白文，右上起顺读，为“亲晋胡王”。骆驼作蹲踞状，腹下有圆形穿孔，造型简练，形象传神。印文刻凿粗率。“亲晋”表示该部族与中央朝廷友好亲近。

晋沿用汉魏政策，对各部族首领多行册封。此印章形制与印文格式皆继承汉魏传统。

西晋
边长 2.2、高 2.7 厘米
故宫博物院藏

铜鎏金驼钮“晋归义羌王”印

印为铜质，鎏金，驼钮，白文，右上起顺读，为“晋归义羌王”。文字凿刻犀利明快。驼钮造型浑圆，形体粗犷。驼腹下有圆形穿孔。

汉晋中央朝廷颁给西北地区诸族的官印多为驼钮。此印是晋朝授予羌族首领的王印。

西晋
长 2.3、宽 2.4、高 2.9 厘米
故宫博物院藏

彩绘陶持盾武士俑

武士以布帛束发，身穿大翻领右衽窄袖短袍，腰间系以绳带，下穿膝下缚扎的宽腿裤。左手持盾牌，右手空心握拳，原应持有武器。袍上所施红彩是北朝时期士兵戎服常见的颜色，有令人振奋的视觉效果。大翻领的服饰有别于中原传统服饰的交领右衽，是民族文化交融汇合的体现。

北魏
高 22、宽 6、厚 8 厘米
故宫博物院藏

彩绘陶踏碓女俑

女俑面带微笑，右腿抬起，双手搭于右膝上，似在舞蹈，其实不然。北朝至唐代墓葬明器中，常含一组姿态各异的劳作女俑，如持箕、烧火、踏碓、推磨等，反映当时女性生活的一个侧面。此俑作踏碓状，碓已不存。左衽的红色襦衫显示出墓主人北方游牧民族的身份。女俑颔首微笑的表情，与麦积山的西魏菩萨像颇为神似。

北魏
高 15.5、宽 5、厚 7 厘米
故宫博物院藏

鹿王本生故事图壁画

鹿王本生源于古印度，伴随佛教传播进入中国。故事图里的车马和建筑受到汉地样式启发，车夫的左衽衣衫则表现丝绸之路上少数民族混杂的境况。此幅壁画采用汉代绘画传统的散点透视和无纵深背景，线条流畅，设色典雅，是民族文化交融与中外文明交流的重要见证。

北魏
纵 96、横 385 厘米
甘肃省敦煌市莫高窟第 257 窟

青釉塑贴飞天团龙纹仰覆莲花尊

尊撇口，长束颈，鼓腹，腹下收敛，高足中空外撇。口部对称置桥形系，肩、颈相接处置6个竖系。原应有盖，已丢失。通体施青釉，釉面玻璃质感较强，有细小开片。圈足内素胎无釉。此尊以莲瓣为主题纹饰，综合运用刻划、塑贴、模印、雕刻等装饰技法。

佛教自两汉之际传入中国后，在南北朝时期广为盛行。北朝大量开凿石窟、兴建寺院，佛教艺术深入各个领域，莲瓣纹成为当时瓷器装饰的主要纹饰之一。此莲花尊系1948年河北省景县封氏、祖氏墓群出土的4件莲花尊之一，其形体高大、装饰技法丰富、纹饰优美，堪称北朝青瓷的代表作。南方地区也出土了类似的莲花尊，只是胎、釉成分差异较大，说明在南北朝时期不同地区瓷器装饰方法相互交流的时代特点。

北朝
口径 17.8、足径 17.8、高 55.8 厘米
河北省景县北朝封氏、祖氏墓群出土
故宫博物院藏

《步辇图》卷

《步辇图》卷是一幅歌颂古代汉藏民族友好交往的画作，内容描述了贞观年间吐蕃赞普松赞干布遣使至长安迎亲献宝的场景。贞观十四年（640 年），唐太宗应允文成公主出嫁吐蕃。翌年（641 年）春，文成公主入藏，开启了唐蕃交好的新篇章。

唐代　绢本设色　纵 38.5、横 129 厘米
故宫博物院藏

唐太宗李世民端坐在由六名宫女抬着的步辇上

吐蕃使臣禄东赞拱手而立，发型和服饰与中原地区风格不同

文成公主像

西藏自治区拉萨市
布达拉宫法王洞藏

文成公主将中原地区的文化典籍、各行各业的能工巧匠、农作物种子等带入吐蕃，对促进当地经济、文化等发展做出了重要贡献，同时在沟通汉藏民族情谊、促进地区之间政治、经济、文化交流等方面，也发挥了积极作用。文成公主的事迹在藏族民间家喻户晓，影响深远。

银鎏金镶珠金翅鸟

金翅鸟又称“迦楼罗”“大鹏鸟”，为佛教天龙八部之一。据佛经记载，金翅鸟体型庞大，以龙为食。传说大理水患频频发生，百姓将此归咎为邪龙作怪，创造出“求鹏伏龙治水”的神话。因此，金翅鸟又被尊为大理的护卫神鸟。

此金翅鸟为银质，通体鎏金，呈昂首展翅飞翔状，头饰美丽的羽冠，尾羽呈火焰状向上伸展并饰 5 粒水晶珠，足踏莲座之上，体态雄健，生机勃勃。其制作至少使用铸造、錾刻、鎏金、镶嵌和焊接五种工艺，程序极为复杂：第一步，分别铸造出头、翼、身、尾、足等部位；第二步，錾刻羽毛及各种纹饰；第三步，焊接成型；第四步，通体鎏金；第五步，在胸口等部位镶嵌水晶珠。

宋代
通高 18 厘米
云南省大理市崇圣寺三塔主塔塔顶出土
云南省博物馆藏

银鎏金鹿衔草纹马鞧带饰

辽驸马赠卫国王墓是辽代大型墓葬之一，有宏伟的墓室结构、契丹人特有的墓俗和丰富而珍贵的随葬品。凡是墓主生前所好、日常所需，墓中应有尽有。此墓室出土遗物中，马饰件共有 8 套，形状与各部位的名称与唐代马具如出一辙。本组带饰为银质鎏金，锤揲、錾刻鹿衔草纹，体现出契丹民族鞍马文化的发达。

契丹族马饰制作历史悠久，材料包括纯银、银鎏金、玛瑙、玉石等。各部件的装饰形制多样，工艺采用传统的模压、锤揲、錾刻、鎏金等，精湛细腻。纹饰除了反映民族特色的鹿纹、群鸟纹外，还有龙戏珠纹、凤纹、缠枝卷草纹等汉族传统装饰纹样。

辽代
内蒙古自治区赤峰市大营子乡辽驸马赠卫国王墓出土
内蒙古博物院藏

三彩陶卧猫

辽三彩是辽代低温多彩釉陶的简称，出现于辽代中期，至辽代晚期制作工艺臻于成熟。辽三彩继承了洛阳地区唐三彩的传统制作技法，即采用先素烧、再低温釉烧的两次烧成工艺。胎、釉之间常施白色化妆土，釉色以黄、绿、白色为主，明艳鲜亮。造型除常见的盘、碟、壶、砚台等，还有一些造型特殊、制作精美的复合型器。此件猫形器，红砂胎，模制，两半合成，背和口有圆孔，颈系飘带装饰，外施黄、绿、白三色彩釉。

辽三彩师法中原唐三彩制作工艺，但又根据契丹族的生活习惯和审美风格，创造出独具民族特色的产品，是民族、地域、时代诸因素影响下的产物。

辽代
长 9.8、宽 5.7、高 6.3 厘米
辽宁省博物馆藏

黑釉剔刻牡丹纹六系罐

此罐形体壮硕，纹饰粗犷，体现出党项民族艺术风格。口残，颈部饰波浪形花边，溜肩，鼓腹，腹下内收，圈足。肩部原本为 6 系，仅存 3 系。肩部饰 6 个梯形开光，腹部饰 3 个菱花形开光，开光内皆剔刻牡丹纹。

西夏时期比较有代表性的瓷窑是灵武窑，位于宁夏回族自治区灵武市磁窑堡，为综合性瓷窑。该窑烧造瓷器品种丰富，技法与河北磁州窑瓷器接近，如白釉剔花、白釉划花、黑釉剔花、白釉点彩等。纹饰以折枝、缠枝牡丹居多，也有卷草纹、莲纹、几何纹、梵文、海水纹地衬托其他纹饰等。胎质多呈浅黄色，吸收了中原地区瓷窑的胎釉处理技法。

宋代
口径 14.5、底径 16.6、高 58.5 厘米
甘肃省博物馆藏

八思巴文虎符圆牌

圆牌为铁质，两面各镶嵌八思巴文正体字五行。字为银质，正面从左至右读，汉语译为："长生天气力里，皇帝圣旨，不从者治罪。"字体端庄秀丽。符趺两面均饰浅浮雕伏虎纹，虎额上装饰 3 颗宝珠。背面文字是正面文字的反体。此类虎符圆牌多为元朝乘驿官员传递圣旨或军务时通关的凭证，反映了元朝建立统一的多民族国家的历史事实，也为后人研究元代政治、军事和社会文化提供了实物资料。

元代
宽 11.7、高 18 厘米
甘肃省博物馆藏

蒙古新字：八思巴文

元朝疆域辽阔，民族众多，语言文字庞杂，政令下达颇有不便，元世祖忽必烈遂命藏传佛教大师八思巴重新创制蒙古文字，即后来的“八思巴文”，也称“蒙古新字”。八思巴文脱胎于古藏文字母，可以拼写蒙、汉、藏、梵、回鹘等多种语言，是以一种通用字母拼写多民族语言的创造性尝试，在中国文字史上具有重要意义。元世祖至元六年（1269 年），蒙古新字创制完成，后成为元朝官方法定的文字，在全国范围内使用和推广。

八思巴文主要用于书写元朝的官方文书，现存实物有西藏自治区档案馆藏元朝圣旨原件等。另外，在甘肃、陕西、河南等地寺院的圣旨碑上也有传刻。该文字还用于制作官印、钱币、符牌和刊刻书籍。元代地域广阔，国家治理需以畅达的交通为前提，因此在全国范围内设立水陆两类驿站，使者往来于各驿站之间，符牌即为通行的凭证。

八思巴文“甘肃省左右司之印”柄钮铜印
故宫博物院藏
此印是珍贵的北元官印，
对文献历史研究具有重要价值。

陶男俑

元代陶俑多为黑陶，陶质坚硬细腻。此男俑昂首挺立，身穿交领右衽窄袖长袍，腰束带。两耳旁各用发辫结一环（不狼儿），额前蓄刘海（婆焦），是典型的元代蒙古族男子日常造型。右臂屈起，右手握拳，原应持物。左臂置于身后，左手隐于袖内。陶俑不施彩绘，完全凭雕塑语言表现。五官刻画细致，衣褶刀法粗犷，张弛有度。

元代
高 29、宽 9.7、厚 6 厘米
故宫博物院藏

陶女俑

此女俑直立于方形底板上，昂首朝前方。圆脸，头顶梳发髻，简单刻画出一个中年侍女形象。女俑上身穿交领左衽窄袖短衣，胸前结带饰；下身着长裙，长裙系带从上衣下露出，垂在身前；裙下露出尖头履。双手身前拱握，拢于袖内。整体造型恭谨稳重。

元代
高 24.5、宽 8.5、厚 5 厘米
故宫博物院藏

元、明、清高足碗

高足碗也称“马上杯”，原为饮酒之用，高足便于手持，符合游牧民族生活习惯，是元代的代表性器物之一。后因元代宫廷信奉藏传佛教，此类碗具从日用器中逐渐分离出来，作为一种佛教供器使用并配有碗托，供奉在佛案之上，盛装果品，是明、清时期“靶（把）碗”的前身。明、清帝王为增进民族团结，常用靶碗赏赐蒙、藏上层人物。

青花里模印外画龙纹高足碗

此碗为元代江西景德镇窑制品。碗撇口，深弧腹，下承以高足，高足微外撇。足内中空无釉。碗内口部绘青花卷草纹，内壁模印两条行龙，内底绘缠枝扁菊纹。外壁绘青花赶珠云龙纹。足饰 3 道凸弦纹。青花色泽浓淡有致，龙头和龙身轮廓施以浓重青花，更加显现龙身蜿蜒的曲线，绘画笔法自然、流畅。

元代
口径 12.9、足径 4.5、高 11.5 厘米
故宫博物院藏

和衷共济

文明因交流而多彩，文明因互鉴而丰富。

东西方文明之间的交流、交往、交融由来已久。汉唐以降，得益于陆上、海上贸易线路的畅通，中华文明同外部文明展开更加广阔的对话。中华文明始终尊重世界文化的多样性，以文明交流超越文明隔阂，以文明互鉴超越文明冲突，以文明共存超越文明优越，向世界贡献了成熟的思想体系、丰富的科技文化艺术成果、独特的制度创造，深刻影响了世界文明进程。

与此同时，从融合西亚造型元素的鲜卑金步摇，到吸收粟特锤揲工艺的唐代六曲花口杯，中华文明也以开放的胸襟，广泛吸纳人类文明优秀成果，在络绎不绝的交流中获得发展创新的契机与动力。

草原丝路上的文明交流

战国晚期至西汉时期，中国北方草原地区的游牧民族与中亚、西亚及亚欧大陆北方游牧民族之间文化交流密切。北方地区流行的金属牌饰是亚欧草原游牧文化南下的产物，多采用锤揲与錾刻工艺表现动物咬斗场景，形成浅浮雕效果。

格里芬噬虎纹金牌饰 战国
甘肃省礼县大堡子山遗址出土

双狼猎猪纹石嵌饰 西汉
江西省南昌市海昏侯刘贺墓出土

动物咬斗纹金牌饰

此组牌饰均为黄金制成，正面绳索纹边框内饰浮雕动物咬斗纹，以中间穿孔处为轴，图案左右对称。纹饰中央为两头相向的伏兽，马身、尖耳、钩喙，头上两根弯曲的长角，后肢翻转，形象源于格里芬，具有斯基泰和巴泽雷克文化的装饰艺术风格。牌饰背后有两个方向不一的桥形钮，为固定腰带、束系衣服之用。

战国至西汉
长 10、宽 6.5 厘米
故宫博物院藏

浅绿肋纹玻璃钵

此钵由透明浅绿色玻璃制成。圆形，敛腹，平底，外壁凸起 27 条竖肋，延伸及底逐渐平整。该类器皿为模具压制而成，先在熔融状态的玻璃圆碟上平贴放射状的肋条，再整体扣在半圆形模具上使其弯曲成形，最后研磨碗的内部，切割口沿部分。这一玻璃模制技术最早出现在希腊化时期地中海东岸的黎凡特地区，罗马帝国时期得到繁荣发展，出现了透明玻璃肋纹器和马赛克玻璃肋纹器。直至 10 世纪的埃及福斯塔特和中亚尼沙布尔，还可以见到这一技术生产的玻璃器皿。

这类玻璃钵至晚于东汉时期就已经传入我国。江苏邗江甘泉二号汉墓出土过同类器型的马赛克玻璃残片。广西贵港、广东广州等地的汉代墓葬也出土有罗马帝国时期的玻璃器皿。唐代著名学者颜师古为《汉书·西域传》作注道："《魏略》云大秦国出赤、白、黑、黄、青、绿、缥、绀、红、紫十种流离。孟言青色，不博通也。此盖自然之物，采泽光润，逾于众玉，其色不恒。今俗所用，皆销治石汁，加以众药，灌而为之，尤虚脆不贞，实非真物。"可见唐人已经对早期入华的玻璃从技术层面有了比较清晰的认识。

汉代
口径 13.2、高 4.3 厘米
故宫博物院藏

驿使图画像砖

砖上绘一信使，头戴黑帻，身着皂缘领袖中衣，左手持棨传，跃马疾驰。棨传为通过关卡、驿站时的信物。驿马四蹄腾空，奔驰在戈壁绿洲的道路上。这幅驿使图生动地再现了丝绸之路河西走廊驿使驰送文书的情景，见证了中国邮驿制度的起步与发展。1994 年，我国发行的首款全国通存通兑银行借记卡性质的储蓄绿卡，卡面设计即选用“驿使图”。

魏晋
长 35、宽 17 厘米
甘肃省嘉峪关市新城魏晋墓葬群 5 号墓出土
甘肃省博物馆藏

花树式金步摇冠

此冠状如一株枝叶繁茂的花树，基部呈长方形，中间突起一脊，两侧为镂空云纹，周边满布小孔。基部向上分出 3 主枝，共出 16 分枝，枝身卷曲为环，上穿桃形金叶。

晋代
高 27.3 厘米
辽宁省北票市房身村出土
辽宁省博物馆藏

花树式金步摇冠

金步摇冠为两晋十六国时期慕容鲜卑等北方民族特有的冠饰，以黄金制作的树状枝干上穿缀桃形金叶制成，区别于中原地区妇女佩戴的“垂珠步摇”发饰。这种金属摇叶冠饰源于西亚，自汉代通过草原丝绸之路随北方游牧民族向南传播，流行于辽西地区，是民族文化融合、中外文明交流的重要见证。

牛首式金步摇冠
西晋　内蒙古博物院藏

马首式金步摇冠
西晋　内蒙古博物院藏

“顶花状”金步摇冠
北燕冯素弗墓出土　辽宁省博物馆藏
这件步摇冠是迄今为止在三燕墓葬中发现的唯一一件步摇冠饰。

包头市达茂旗西河子窖藏出土西晋时期金步摇冠两对，步摇下端为山题，一对为马首，一对为牛首，面部嵌宝石，以金粟勾勒，枝端悬缀摇叶。这两对金步摇冠展现出的黄金制作工艺说明，中西亚的金珠、镶嵌、锤揲、焊接等黄金细工，通过丝绸之路由北方地区传入中国。

鲜卑族金步摇饰的影响远及东北亚地区，日本和朝鲜半岛等都有类似饰物出土。

胡人吃饼骑驼俑

骆驼背上驮着鲜卑族毡帐的部件——围墙的栅栏和卷起的幕布。一位短发胡人坐在高高的驼背上，拿着一块饼正在啃食，享受着难得的出行间歇。骆驼驮载的帐幕在旅途休息时张开、支架起来，就成为鲜卑族传统的毡帐——穹庐。《敕勒歌》中所唱的“天似穹庐，笼盖四野”以“穹庐”来比喻天穹，显示出草原民族的本色。

这件生动的陶俑出自隋代斛律彻墓。斛律部是漠北高车六大部落之一，以部落名为姓，北魏时内附，迁居至山西北部。大家耳熟能详的北朝民歌《敕勒歌》就是由斛律彻的曾祖父斛律金吟唱并被最早记录于史书中的。斛律家世出武将，地位显赫，历经北魏到隋朝的发展，已经完全融入了中华民族大熔炉中，不必再逐水草而居，但从这件俑上仍可看出他们对原有民族传统的怀念。

隋代
长 30、高 37 厘米
山西省太原市斛律彻墓出土
山西博物院藏

錾刻狩猎人物图六曲花口金杯

此杯由黄金制成，锤揲成型。六瓣花口，随形高足。腹外壁凸起，形成6个纹饰区，錾刻多组骑马狩猎人物图案，间有线条清爽的花草、飞鸟、走兽和云朵纹，以及珍珠地，人物表情、动作刻画生动。内壁光素，内底亦用锤揲、錾刻装饰。此杯形制由粟特八曲仰莲瓣纹杯简化而来，无论仰视或俯视，都如盛开的花朵，是对粟特器物的发展与创新。

唐代
口径 7.9、足径 3.5、高 5.4 厘米
山西博物院藏

錾刻花鸟纹银碗

碗银质。碗身与圈足均为九曲花瓣式。通体锤揲成型，腹部一圈凸棱将碗身立体感增强的同时，也将纹饰分出上、下两层：上层饰 3 组鸿雁，口衔挽结长绶，两两相对，振翅而立，间饰宝相花纹；下层饰 3 组单只鸳鸯，颈上绶带飘扬，口衔折枝，立于莲蓬之上，亦以并蒂莲花间隔，一花二叶呈合抱状。上、下层纹饰题材交错对应。碗底饰双层莲纹，内层为九瓣简易同心莲，外层九朵并蒂莲花与之对应。外壁与器底通錾细密的珍珠地纹，略低于主题纹样。

唐代
口径 18、足径 9.8、高 8.1 厘米
陕西省西安市沙坡村出土
故宫博物院藏

东西交流中的唐代金银器

早在公元前6世纪，地中海沿岸地区就能见到锤揲而成的多瓣装饰器物，之后西亚和中亚的金银器也受到这种装饰风格影响。6世纪时，来自拜占庭、萨珊波斯和粟特的金银器，通过使节进献和商品贸易传入中国，在北方地区流行，继而向南传播。7世纪末至8世纪上半叶，唐代金银器开始摆脱西域风格影响，增加更多本土的造型与纹饰。西方金银器的工艺技术，加上唐代流行的在花瓣上装饰动物与花草的装饰艺术风格，体现了东西方文化的交流融合中唐人的创新。

中华人民共和国成立以来，西安市曾多次出土唐代金银器，其中最著名的一组来自何家村窖藏。下图所示的这组银器为1963年西安东南郊沙坡村出土，地点位于唐代兴庆宫遗址正南1.5千米左右。出土银器共计15件，含球式香熏4件、银碗2件、银杯4件、银壶1件、粉盒1件、其他银器3件。

镂空花鸟纹球式银香囊

錾刻花鸟纹银盒

鎏金花卉纹高足银杯

云首柄银杯

四瑞兽葡萄纹方镜

镜方形。伏兽钮。一周联珠纹凸棱方框将纹饰分为内、外二区：内区四兽攀缘葡萄枝蔓，抬头曲身，首尾相衔；方形四角与收拢双翼的雀鸟相对，将外区纹饰分为四区，每区有缠连的枝蔓及八九串葡萄，两只或飞或伫的雀鸟点缀其中。细窄缘。

瑞兽葡萄镜由瑞兽镜演变而来，结合葡萄纹饰，加以蜂蝶衬托，再向花鸟镜演变而去。其器形复杂多样，工艺繁缛考究，纹饰生动活泼，流传范围甚广，是中西方文化结合的产物，有“凝结欧亚大陆文明之镜”的美誉。

唐代
边长 11.5 厘米
故宫博物院藏

白釉双龙柄弦纹盘口瓶

瓶盘口，束颈，鼓腹，腹部以下渐收敛，近底处外撇，平底。口、肩之间对称置龙柄，龙嘴衔住口沿。颈部凸起 5 道弦纹。外壁施白釉，施釉不到底，釉色白中泛黄，釉面有细小开片。

隋唐时期开放包容的对外贸易政策，促进了中西文化的交流与借鉴，创造出具有鲜明时代特征的瓷器。这件白釉双龙柄弦纹盘口瓶，便借鉴了西域器物的装饰风格。此瓶造型端庄挺拔，线条柔和流畅，胎质细腻，釉面莹润，别具清新悦目之感。相同造型在唐三彩中亦有所见。

唐代
口径 10、底径 10.8、高 50 厘米
故宫博物院藏

远销海外的唐代长沙窑瓷器

唐代后期，海上丝绸之路持续发展，成为东西方文明交流对话的另一重要通道。入宋以来，中国南部口岸通往亚、非、欧、美大陆的航路纷纷开通与延伸，海上贸易进入空前发达的历史阶段。中国面向世界市场生产并出口的规模化产品，如陶瓷、丝绸、漆器、家具等，形成了较为完善的贸易体系，促进了国内工商业的昌盛和全球文明的协同发展。

唐代长沙窑瓷器以其多样的造型、新颖的装饰技法受到海外市场青睐，其外销路线是沿湘江顺水而下，经岳州过洞庭湖到武昌，再沿长江抵达扬州，以扬州作为主要集散地，最后经明州（宁波）销往海外。目前世界上出土长沙窑瓷器的国家广泛分布在亚洲和非洲。1998 年在印度尼西亚海域发现“黑石号”沉船，在从沉船中打捞出水的 6 万多件中国瓷器中，有 5 万多件唐代长沙窑瓷器。由此可见，唐代长沙窑瓷器属于当时对外贸易的主流商品之一。

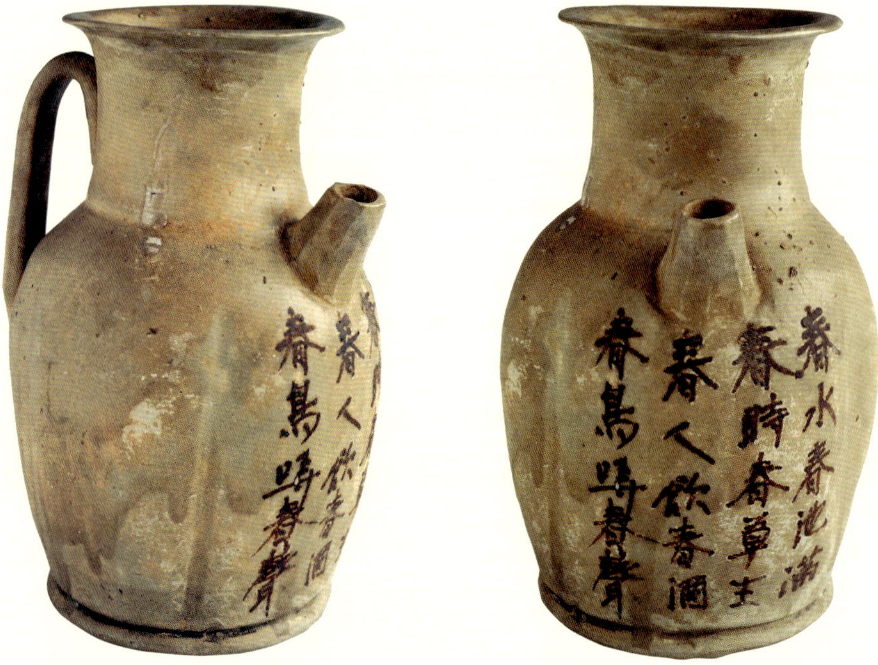

长沙窑青釉褐彩题诗执壶
湖南博物院藏

长沙窑青釉彩绘植物花卉纹执壶

执壶撇口，束颈，瓜棱式长圆腹，饼形实足。肩一侧置六棱形短流，另一侧颈、腹之间置曲柄。内、外施青釉，外底露胎无釉。腹部绘植物花卉纹，以褐彩勾描叶脉、花蕊和外轮廓线，以绿彩涂染叶片。

唐代长沙窑是开创大批量烧造釉下彩绘瓷的瓷窑，其瓷器装饰技法有塑贴、彩绘、模印等，其中以釉下彩绘工艺最为著名。图案主要描绘在执壶的流下、盂罐的腹部、碗盘的内底、枕面和器盖上，题材以植物、花卉、诗文居多。唐代长沙窑瓷器造型多样，特别是执壶，其造型之丰富在唐代瓷窑中首屈一指。

唐代
口径 6.6、底径 10、高 17 厘米
故宫博物院藏

三彩陶双鱼瓶

瓶小口，瓶身呈双鱼形，上腹圆鼓，下腹渐扁圆，高圈足外撇。两侧有鱼脊，鱼脊上端有二横系，下端有两小洞，上系下洞均作穿带之用。腹部刻划云朵状鱼鳞纹。外壁施三彩釉，釉面开片细小。

唐代
口径 4、最大径 11.2、足径 8、高 23 厘米
江苏省扬州市唐城遗址出土
南京博物院藏

三彩陶器的发展与传播

三彩釉陶在西安和洛阳的唐墓中出土数量最多。扬州则为另一处发现三彩器较多之处，但此地尚未发现烧造三彩陶器的窑址，因此，这里出土的各种釉陶器可能是从其他地区经水路运来，这与扬州作为国内重要的商业城市和国内外交通往来、贸易频繁有关。

唐三彩同后来的辽三彩、宋三彩有直接关系。明、清时期的釉上彩，也受到唐三彩的启发。国外的波斯三彩、新罗三彩、奈良三彩等，无不受到唐三彩的影响而产生。

波斯孔雀蓝釉陶瓶

瓶敛口，溜肩，长腹斜收，平底，底沿外突。颈部饰4系，系孔不通，也称“盲系”。肩、腹部凸起4道粗绳纹，在我国隋、唐、五代时期的陶瓷器中比较罕见。瓶外壁施孔雀蓝釉，釉质晶莹。

晚唐至五代时期，随着海外贸易的发展，波斯陶器从海路传入中国。江苏扬州三元路、汶河路等地唐代文化地层中，都发现过数量众多的波斯釉陶残片。波斯孔雀蓝釉陶瓶目前仅在扬州、福州两地发现，是研究古代波斯文化和福州、扬州等地海外交通史的重要实物资料。

五代十国
口径15、腹径42、底径17、高74.5厘米
福建省福州市刘华墓出土
福建博物院藏

南宋时期海上陶瓷贸易

南宋政府在东南沿海的广州、泉州、明州（宁波）、杭州设立“市舶司”，与海外各国开展贸易。对外贸易量的增加刺激了瓷器的出口。宋代朱彧的《萍洲可谈》记述了当时海上贸易的有趣细节：“舶船深阔各数十丈，商人分占贮货，人得数尺许，下以贮物，夜卧其上。货多陶器，大小相套，无少隙地。”意思是商人们在船舱中堆满了陶瓷，自己只在很小的空间中活动，晚上躺在货物上过夜。尽管宋瓷出口量巨大，却仍供不应求，因此“海上丝绸之路”又被称为“陶瓷之路”，仅留下记载的沉船事件便达100多宗。

南海Ⅰ号

“南海Ⅰ号”为南宋时期海上丝绸之路商贸运输途中失事沉没的木质商船，沉没地点位于广东省阳江市南海海域。它是迄今为止世界上发现的海上沉船中船体最大、保存最完整的远洋贸易商船之一，距今已有800多年历史。船内文物包括瓷器、金器、漆器、钱币、农产品等，是我国南宋时期海上贸易盛况的见证。

“南海Ⅰ号”沉船打捞出水的文物

“南海Ⅰ号”沉船整体打捞出水现场

“南海Ⅰ号”沉船内的瓷器

金链饰

此条金链饰是从“南海Ⅰ号”沉船中打捞出水的首件金器。链由4股8根金线编制而成。链钩镶嵌金粒并排列成几何纹。链尾穿连四个环形扣。

南宋
长170厘米
广东省阳江市“南海Ⅰ号”沉船出水
广东省博物馆藏

龙泉窑青釉刻划缠枝牡丹纹凤尾尊

此尊撇口，长颈，溜肩，腹部以下渐收敛，近足处微撇，圈足。胎体厚重。内、外及外底均施青釉，足墙一周无釉露胎。釉层肥厚，釉面有开片。颈部饰多道弦纹，上腹部刻划缠枝牡丹纹，下腹部刻菊瓣纹。

1975 年，在韩国新安海域内发现一艘元代沉船，沉没位置与北宋徐兢《宣和奉使高丽图经》所记述航路相符。从该沉船打捞出水了与此器造型、纹饰相似的龙泉窑青釉刻划缠枝牡丹纹凤尾尊，由此证实龙泉窑青瓷在元代海上丝绸之路的文化交流和贸易往来中扮演过重要角色。

元代
口径 21.4、足径 19.5、高 70.5 厘米
故宫博物院藏

畅销全球的元代龙泉窑瓷器

南宋至元代是龙泉窑瓷器生产的巅峰时期。龙泉窑青瓷在亚洲、非洲乃至欧洲等地均有发现。

青釉褐斑匜
新安沉船出水
韩国国立中央博物馆藏

青釉荷叶式盖罐
新安沉船出水
韩国国立中央博物馆藏

青釉净瓶
新安沉船出水
韩国光州博物馆藏

青釉刻划花卉纹凤尾尊
伊朗阿迪比尔神庙藏

磁州窑白釉褐彩唐僧取经图枕

枕长方形，中部略凹。通体白地褐彩装饰，除底外，五面均有纹饰。枕面开光内绘唐僧师徒取经图，开光外绘折枝菊花纹。枕壁四面随枕形画出边框，前壁开光内绘风雨竹，后壁开光内绘猛虎，左、右两面边框内绘折枝花卉纹。外底戳印“古相张家造”款。此枕构图疏朗，人物形象生动活泼，极富民俗趣味。它的出现说明唐僧师徒的形象和取经故事通过元代民间戏剧、平话等载体已广为流传。

《西游记》故事的雏形是由玄奘（唐僧）口述、辩机记录并编纂的《大唐西域记》。该游记描述了玄奘求法途经的百余个国家和地区、城邦，为研究古代中西方交通和文化交流提供了重要资料。《西游记》中的人物形象，借鉴了敦煌出土文献和石窟、寺庙壁画对玄奘西游取经事迹的记载和描绘。

元代
长 41、高 14.8 厘米
广东省博物馆藏

掐丝珐琅缠枝莲纹球式香熏

香熏为铜胎鎏金。球形，盖、器各呈半球式，沿逆时针方向旋转可使口沿开启。通体天蓝地，地子上饰红、白、黄、紫、松石绿色缠枝莲花 12 朵。顶、底及口沿一周装饰古钱纹烟孔 6 个。里设悬心炉，大、中、小铜环 3 个呈套合状，环两边各有活轴相连，小环连冲耳釜底铜炉 1 个。各环活轴与炉耳连线垂直，因此器身无论如何转动，炉始终保持水平，无倾斜之弊。

“铜胎掐丝珐琅”约自 13 世纪下半叶传入中国，极有可能是当时拜占庭工匠专为蒙古贵族生产的豪华日用品。熏炉上装饰的缠枝莲纹，同元代青花瓷器上的缠枝纹饰有异曲同工之妙。

元代
直径 14.3、通高 16.5 厘米
故宫博物院藏

三

休戚与共

万物各得其和以生，各得其养以成。

中华民族自古便有天人合一、道法自然的思想传统，通过不断拓展对天地的认知，创造辉煌的物质文明，回报自然丰厚的馈赠。与此同时，中华民族也与自然万物建立了深厚情感，将天地之美、和谐之道融入文学、艺术和哲学思考，构建起中华文明独一无二的美学体系和人文景观。

如今，中华大地上“绿水青山就是金山银山”的新发展理念深入人心，经济发展与生态保护协调统一，正为人与自然和谐共生、携手共建美好家园的宏伟愿景，贡献中国智慧与中国方案。

长信宫灯

长信宫灯出土于河北保定满城窦绾墓，因灯上铭刻“长信”字样，而得名“长信宫灯”。此灯铜质鎏金，造型为一名跪坐执灯的年轻宫女，由头部、身躯、右臂、灯座、灯盘、灯罩六部分组成。宫女神态安然，左手握灯座，右手扶灯罩，自然下垂的袖口形成烟道，可收集烟灰，用以保持室内清洁，体现了古人的环保理念。灯罩由两块弧形铜板组成，其中一片可以左右推动，从而调节灯光的亮度和照射方向。灯体铭文 9 处，共 65 字，分别记载了灯的重量、容量和所属者。

西汉
高 48 厘米
河北省保定市满城区中山靖王刘胜妻窦绾墓出土
河北博物院藏

力士博山炉

炉体呈盂形，中部饰一周微凸的宽带纹，作子口。盖为圆锥形，下缘光素，其上流云缭绕，山峦重叠错落，并于峰壑间辟出烟孔。山峦之间有人物驾牛车；或猎人巡猎，张弓搭箭瞄准飞禽，追逐逃窜的野猪；也有虎、狼等猛兽猎捕牛、鹿或与人搏斗。一幅秀丽的自然山景和生动的狩猎场面跃然呈现。盘座系失蜡法铸成，座把立雕袒胸的壮士，手擎炉钵，身下骑虎。

博山炉为熏香用具，因造型模仿云气缭绕的海中仙山而得名，是春秋战国以来持续发展的熏香文化和当时社会普遍流行的升仙观念相结合的产物。

东汉
宽 10.1、通高 23.9 厘米
故宫博物院藏

青釉堆塑人物谷仓罐

这件谷仓罐由上、下两部分组成。上部是一座双层堆塑楼阁，下部是鼓腹罐。楼阁上层是带有围墙的庭院，围墙外堆塑飞鸟装饰，楼阁顶端为整个谷仓罐的最高处。双层楼阁的下层与上层纵向相连，楼阁四角下方相对位置堆塑 4 个小罐，相对两面各塑 3 个人物，手部交握，并排而坐。下部罐敞口，鼓腹，平底。腹部间隔堆塑动物、铺首等装饰。通体施青釉，釉色青中泛黄，剥釉现象较严重，且有开片。

谷仓罐是三国两晋时期重要的随葬明器，常以飞鸟走兽、庭院楼阁等题材装饰，表现五谷丰登、欢乐祥和的生活场景，祈愿死者在身后仍能享受到生前的生活。

西晋
口径 23.9、底径 17、高 44 厘米
故宫博物院藏

早期绘画中的人物与山水

5至6世纪的中国画家已经开始思考自然风景与人物的关系。东晋顾恺之《洛神赋图》卷，即为我们研究早期绘画如何表达诗赋的叙事意境和处理山水背景提供了重要资料。

此卷根据三国时期魏人曹植所写的《洛神赋》创作，诗赋内容对洛神的花容月貌进行了详细描述。卷首描绘曹植在洛水岩畔与神女相逢的情景，曹植步履趋前，见一位“翩若惊鸿，婉若游龙。荣曜秋菊，华茂春松”的丽人，远望“皎若太阳升朝霞”，近察“灼若芙蕖出渌波”，“仿佛兮若轻云之蔽月，飘飖兮若流风之回雪”。后段画洛神驾六龙云车离去，玉鸾、文鱼、鲸鲵等相伴左右，洛神回首张望，依依不舍。

《洛神赋图》卷（局部） 东晋（宋摹）
辽宁省博物馆藏

《游春图》卷

《游春图》为现存最古老的卷轴山水画之一。此卷描绘了人们在风和日丽、春光明媚的季节，到山间水旁踏青游玩的情景。全画以自然景色为主，构图深远，人物点缀其间。湖边一条曲折的小径，蜿蜒伸入幽静的山谷。人们或策马，或驻足，沿途观赏青山绿水、花团锦簇的胜境。在波光粼粼的湖面上，一叶小舟缓缓漂荡，舟上女子似为美景陶醉，流连忘返。山坳处建有佛寺，林中僻静，令人神往。

隋代
绢本设色
纵 43、横 80.5 厘米
故宫博物院藏

“侯瑾之”方镜

镜方形。龟形钮。钮下方饰池水，池旁有四山石，池中伸出一片荷叶，为钮座。钮上方饰山峰及云间日（月）出图，山下方有一矩形框，框内起地阳文“侯瑾之”三字。钮左一人，峨冠博带，端坐抚琴，前设香案，背后竹林。钮右一凤，展翅卷尾栖于山上，凤尾上方花树二株。窄缘。

此类纹饰题材的铜镜，有圆钮者，有钮上饰“真子飞霜”者，亦有外区饰一周铭文带者，皆常见于葵花形铜镜。方镜罕见。

唐代
边长 14.6 厘米
故宫博物院藏

孔雀莲花纹葵花式镜

镜八瓣葵花式。圆钮。内区两只孔雀夹钮相对，立于莲叶之上，花冠飘垂，展翅开屏。钮上饰一枝宝相花，钮下为莲花，均由两片花叶托起，重叠花瓣，绽露花蕊。外区饰一周花叶纹。

唐人爱花崇鸟，对自然物的观察细致入微，既能表现神话题材，又能描绘真实形象。在禽鸟与花卉题材的各类组合中，孔雀与莲花最具典型性。

唐代
最大径 24.3 厘米
故宫博物院藏

雀绕花枝纹菱花式镜

镜八瓣菱花式。圆钮。内区环钮饰雀鸟相对，间以花枝，枝蔓曲转，妍丽纤巧。外区花卉、蛱蝶相间排列。

雀鸟成双成对，花叶并蒂相连，这种比翼鸟与连理枝的诗情画意在唐代艺术中颇为流行。汉镜是直接将“长毋相忘”的铭文饰于镜背，唐镜则寓此番情意于禽鸟花木之中。

唐代
最大径 13.6 厘米
故宫博物院藏

五岳纹方镜

镜方形。钮及钮座呈山形，峰为镜钮，如同中岳。背以钮为中心，朝四角各出一山形图案，呈放射状分布，如同四岳。四岳之间以远山近水、水鸟植被的图案相连，构成一幅群山环绕、生机盎然的景象，体现出唐人在享受太平盛世之时，对山川草木倾注的深厚情感。

“五岳”是中华传统文化中五大名山的总称，是古代民间山岳神崇拜和五行观念相结合的产物。此外，“五岳”也是帝王仰天功之巍巍而封禅祭祀之处，为其受命于天、定鼎中原的象征。

唐代
边长 12.3 厘米
故宫博物院藏

三彩陶山池

白陶施釉彩，圆形陂池，周绕群山。山峰施翠绿、赭黄釉，山岩重叠，草木茵茵。山间摹塑几只鸟儿嬉戏，山脚池边有鸟儿饮水。鸟施蓝绿釉，池畔施草绿釉，山水相映，动静结合。

唐代
宽 16、高 18 厘米
陕西省西安市中堡村唐墓出土
陕西历史博物馆藏

定窑白釉刻划萱草纹折腰碗

碗敞口，折腰，圈足。内、外均施白釉，釉色白中略泛黄。口镶铜钔。碗外壁光素无纹饰。内壁刻划折枝萱草纹，花朵饱满，枝叶舒展。北宋时期，定窑曾进行工艺改革，大量采用“覆烧”工艺烧造瓷器，使之产量倍增，但器物口沿却形成“芒口”。因此，口沿镶铜钔既弥补这一缺陷，又增添美观性和实用性。

萱草，又名“忘忧草”，具有清热凉血的药用价值。《太平广记》载：“萱草，一名紫萱，又名忘忧草，吴中书生谓之疗愁。”嵇康《养生论》云:“萱草忘忧。”《本草衍义》载：“萱草，根洗净，研汁一盏，生姜汁半盏相和，时时细呷，治大热衄血。”萱草不但有药用价值，而且在种植方面适应性强。古代萱草的栽植地区广泛，所开花朵亦美丽，因此成为器物装饰的主要题材之一。

北宋
口径 20.4、足径 6.7、高 4.1 厘米
故宫博物院藏

白玉折枝樱桃纹佩

从唐代开始，写实风格的花果植物图案逐渐流行于玉器装饰。至宋代，受花鸟画影响，雕刻花鸟瓜果等自然题材和世俗生活主题的玉饰大量出现。除了题材的选择，绘画对宋代玉器装饰的影响还体现在构图上，多截取花果、禽鸟等精彩局部，反映出画家对自然观察的细致入微和纯朴高雅的艺术趣味。

宋代
长 7.7、宽 5.2、厚 0.7 厘米
故宫博物院藏

白玉镂雕春水图佩

这件玉佩以圆环托海东青、天鹅二禽，海东青攫住天鹅头颅，欲将其击落，天鹅拼命挣扎，欲脱不得，表现了两禽生死搏斗的一刹那。海东青足上雕刻出拴足丝带，表明其为人工驯养。这件环形玉佩或许为腰带装饰之用。

金代
直径 7.2 厘米
故宫博物院藏

春水秋山玉

契丹民族有四时捺钵的习俗，尤喜在春、秋两季到某水某山行猎，也称“春水”“秋山”。金代玉器常以“春水”“秋山”为题材，纹饰表现海东青猎鹅雁和山林呼鹿射鹿等内容，极富自然野趣。

南宋姜夔《契丹歌》描绘“春捺钵”场景曰：“平沙软草天鹅肥，胡儿千骑晓打围。皂旗低昂围渐急，惊作羊解凌空飞。海东健鹘健如许，鞲上风生看一举。万里追奔未可知，划见纷纷落毛羽。”

白玉镂雕秋山群鹿图佩
故宫博物院藏

白玉镂雕柞树双鹿图佩
故宫博物院藏

南宋
全轴纵 244.5、横 62 厘米
画心纵 89、横 35 厘米
故宫博物院藏

缂丝《梅花寒鹊图》轴

此幅缂丝画以宋代流行的花鸟画为本，经丝线缂织而成。作品以梅花与喜鹊为题，梅树苍劲有力，喜鹊身姿饱满生动，几片竹叶点缀其间。画面设色丰富，晕染细腻，是南宋缂丝画的代表作品。缂织款识“沈氏”“子蕃”，表明缂丝作者是沈子蕃。

宋代石延年《金乡张氏园亭》一诗道:“乐意相关禽对语，生香不断树交花。”乾隆皇帝因而在沈子蕃缂丝《梅花寒鹊图》上御笔题写“乐意生香”。无论是文人雅士还是帝王将相，中国人文化基因中寄情自然的雅趣不曾改变。

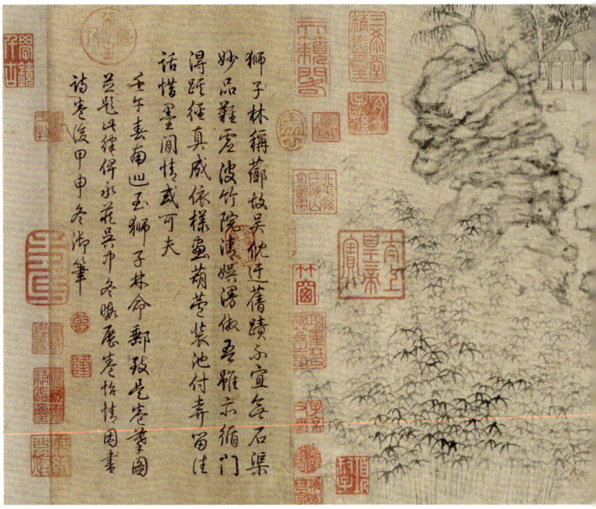

《狮子林图》卷

本幅右上题识云："余与赵君善长以意商榷作狮子林图，真得荆关遗意，非王蒙所梦见也。如海因公宜宝之。懒瓒记癸丑十二月。"卷上有清高宗弘历题记六则，还钤有明项元汴、董其昌、孙承泽及清乾隆、嘉庆、宣统诸帝等藏印数十方。末段为臣工考据之论。

倪瓒为"元四家"之一，擅画墨竹、山水，相传曾参与狮子林修建并为之题诗作画。此卷画法多用枯笔干墨，题款字迹略具倪瓒书风，应是明人仿摹之作。尽管如此，乾隆帝对其钟爱有加，不仅命内廷重新装裱，收入《石渠宝笈》，而且亲自题签并书写引首，不厌其烦地一题再题，以之表达对江南文人园林的喜爱之情。乾隆二十七年（1762年），皇帝南巡行至狮子林时，特将此卷运至吴地，临摹一过并题诗一首留于吴中。

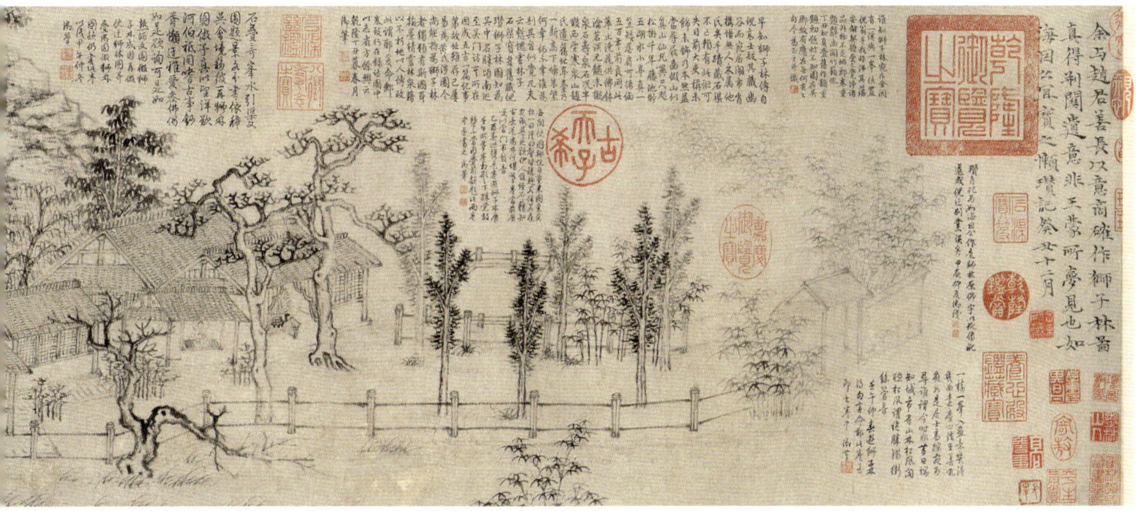

明代
纸本墨笔
纵30、横100厘米
故宫博物院藏

山水为邻

中国造园历史悠久。园林的设计与建造，凝聚了含蓄典雅的东方智慧和古人对空间美学的独特理解。私家园林自魏晋南北朝时期逐渐兴起，至明代走向鼎盛，承载了文人远离尘嚣、归隐山林的理想，其精髓可归纳为“咫尺之间，再造乾坤。虽由人作，宛自天开”，尽显人与自然和谐相处之道。

假山池是中国古典园林的点睛之笔。明代计成在撰写《园冶》时，专辟“掇山”“选石”两篇阐述叠石为山之法。文人园林中的峰、峦、岩、洞、涧、曲水、瀑布等景观，皆为山石堆叠、理涧引流而成，追求山水画的意境，似得天然之趣。

苏州狮子林

青玉兰亭修禊图山子　明代
故宫博物院藏

咫尺之间，再造乾坤。虽由人作，宛自天开。

《西园雅集图》轴（局部）　清代　故宫博物院藏

永和九年，岁在癸丑，暮春之初，会于会稽山阴之兰亭，修禊事也。群贤毕至，少长咸集。此地有崇山峻岭，茂林修竹，又有清流激湍，映带左右。引以为流觞曲水，列坐其次。虽无丝竹管弦之盛，一觞一咏，亦足以畅叙幽情。

——王羲之《兰亭集序》

御筆文淵閣記

第三章

汇

汇，拢万流于一处，成百川之渊薮。福泽广布，济世安民。

泱泱中华，万古江河，中华文明凭借以和为贵的和平性格、海纳百川的包容特质、天下一家的大国气度，终汇成崇民本以固金瓯、惠民生以格万物、聚民智以成典籍的浩荡洪流。

这些由人民创造、为人民享有、被人民传承的精神、技艺与经典，不仅是中华文明的灿烂瑰宝，也为人类文明进步做出不可磨灭的贡献。

一 民本邦宁

煌煌中华，九州万方。厚民生业，本固邦宁。

从孔夫子文从周礼，到乾隆帝赐器十供，两千年儒风浩荡。从颜真卿笔锋雄健，刻家门风骨；到土尔扈特归途万里，念乡土情深。洛神睹江山千里，晓丹青有续；右军共太白豪情，慰翰墨长存。尊仁重礼、敬道崇义、家国一体观念，深深植根于中华民族血脉之中，将各族儿女紧密团结在一起，秉持天下为公之胸怀，凝聚万众一心之伟力，共护万里江山，金瓯永固。

商周十供

“三十六年，复东巡释奠。既还京师，出内府所藏周铜器木鼎、亚尊、牺尊、伯彝、册卣、蟠夔敦、宝簠、夔凤豆、饕餮甗、四足鬲，凡十事，置庙庭。”

——《清史稿·儒林传四》

乾隆三十六年（1771 年），乾隆帝第五次驾临曲阜祭孔，颁赐孔府“姬朝铜器十事”，习称“周十供”或“十供”，用于祭祀先师孔子，其中木工册鼎等 3 件后经鉴定为商代铜器，遂改称“商周十供”。除在春秋丁祭等重大祭祀场合陈列于大成殿，孔府平时敬谨收藏，秘不示人。

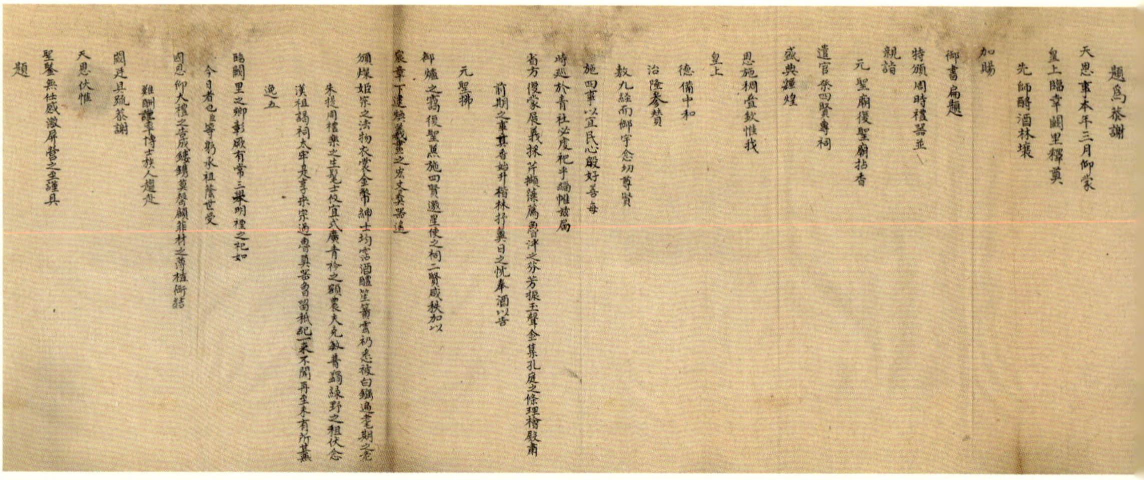
题为恭谢
天恩事本年三月御驾
皇上临幸阙里释奠
先师酹酒林壤
加赐
御书匾额
特颁周时礼器并
亲诣
元圣庙复圣庙拈香
遣官祭四贤专祠
盛典辉煌
恩施稠叠钦惟我
皇上
德备中和
治隆参赞
敦九经而御宇念切尊贤
施四事以宜民心殷好善每
时巡于青社必虔祀于[illegible]
省方复蒙展义采芹撷藻属泮之芬芳振玉声金集孔庭之条理稽殷肃
前期之事其香始升楷林抒奠日之忱奉酒以告
元圣拂
[illegible]之灵复圣兼施四贤邀圣使之祠二贤咸秩加以
宸章下建焕义[illegible]之宏文宾器遍
颁[illegible]宗之法物衣裳金帛绅士均沾酒醴笙簧云礽悉被白鹤过[illegible]
朱提周礼乐之生髦士仅宜式广青衿之显[illegible]
汉祖谒祠太牢是享宋宗过鲁奠器留祇祀一来不闻再至未有所[illegible]
逸五
临阙里之乡彰厥有常三举明禋之祀如
今日者也臣等躬承祖荫世受
国恩仰大礼之告成钦锡莫罄愿菲材之薄植衔结
难酬谨率博士族人趋廷
阙廷具疏恭谢
天恩伏惟
圣鉴无任感激屏营之至谨具
题

孔府档案卷五一三五“衍圣公孔昭焕谢恩题本”

孔子博物馆藏

木工册鼎

原名周木鼎。立耳，平口折沿，腹下微鼓，圜底，柱形足。口沿下饰兽面纹。器壁铸铭文七字“作父戊鼎木工册”。清代配紫檀盖，上嵌透雕龙纹玉钮，内刻“乾隆御赏”款。

商代
通高 30.5 厘米
孔子博物馆藏

兽面纹觚

原名周亚尊。喇叭形口，长颈，腹微鼓，高圈足。腹与足均铸四道扉棱，饰兽面纹；腹下有两个“十”字镂孔。足内壁铸铭文二字“亚弓”。

商代
口径 20.5、通高 32 厘米
孔子博物馆藏

册父乙卣

原名周册卣。有盖，菌状钮，子母口，绳纹提梁，鼓腹下垂，圈足外撇。口沿下饰菱形雷纹，中饰一兽首，腹部素面，圈足饰两道凸弦纹。盖、内底铸对铭“册父乙”三字。

商代
通高 33 厘米
孔子博物馆藏

伯彝簋

原名周伯彝。侈口，深弧腹，兽首耳，其下有珥，圈足外撇。器身通饰兽面纹，沿下前后各饰一兽首。内底铸铭文 20 字，可辨 7 字为“伯作尊彝用……永……享”。清代配紫檀盖，上嵌透雕龙纹玉钮，内刻“乾隆御赏”款。

周代
口径 23.2、足径 14.8、高 15.7 厘米
孔子博物馆藏

牺尊

原名周牺尊。牺尊身体肥壮，双耳向后竖立，短尾。背上有一小椭圆形盖，可开合。器身素面无纹。

周代
长 39、宽 14.5、通高 29 厘米
孔子博物馆藏

窃曲纹簋

原名周蟠夔敦。覆碗式盖，子母口，垂腹，兽耳，下有垂珥，蹄形足。盖与器身饰瓦纹、窃曲纹。

周代
口径 19.5、通高 22.3 厘米
孔子博物馆藏

夔龙纹簠

原名周宝簠。长方形，平口折沿，兽吞式耳，斜直腹，方圈足有缺。口沿下饰乳丁云雷纹，腹饰夔龙纹。内底铸有铭文“□自作□簠其子子孙孙永宝用”。

周代
口长 28.5、口宽 22、通高 8.6 厘米
孔子博物馆藏

四足方鼎

原名周四足鬲。方形，平折沿，立耳，腹微鼓，圜底，蹄形足。肩有 8 个凸起的矩形纹。清代配紫檀盖，上嵌透雕花鸟纹玉钮，内刻“乾隆御赏”款。

周代
通高 24.5 厘米
孔子博物馆藏

饕餮纹甗

原名周饕餮甗。甑、鬲连铸，分饰云雷纹、兽面纹。清代配黄花梨盖，上嵌透雕春水玉钮，内刻“乾隆御赏”款。

周代
口径 27、通高 39 厘米
孔子博物馆藏

夔凤纹豆

原名周夔凤豆。通体错金银。覆碗状盖，圆形捉手，子母口，双环耳，喇叭形圈足。盖饰错金银三角卷云纹、夔凤纹，腹、足饰夔凤、鸥鸮纹。

东周
口径 16、通高 25 厘米
孔子博物馆藏

三圣像

三圣，指“至圣”孔子、“复圣”颜子、“宗圣”曾子三位圣贤。孔子，名丘，字仲尼，鲁国陬邑（今山东曲阜）人。中国古代伟大的思想家、教育家，儒家学派创始人。孔子推崇“仁”“礼”，认为“有教无类”，开私人讲学之风，有弟子三千，其与弟子的经典语录被汇编为《论语》，光照千秋。颜子，名回，字子渊，孔子杰出弟子，尊师重德、安贫乐道，为孔门七十二贤之首。曾子，名参，字子舆，孔子晚年弟子，儒家学派重要代表人物，重孝，亦列孔门七十二贤。

此幅三圣像为孔府旧藏。孔子居画面中央，头戴礼冠，素袍乌履，凝视前方。弟子颜回、曾参皆身着长衣，恭敬立于孔子身侧。作者还以蝇头小楷从孔子肩部开始，满书《论语》，巧妙将书画艺术与儒家经典结合，令人赞叹。

明代
绢本设色
纵 142、横 76 厘米
孔子博物馆藏

《颜氏家庙碑》拓片

颜真卿，字清臣，唐代书法名家。天宝年间历任监察御史、殿中侍御史，后因得罪宰相杨国忠，被贬平原太守。安史之乱时曾率军平叛，代宗朝官至吏部尚书、太子太师，封鲁郡公，故世称“颜鲁公”。德宗时李希烈反，遣颜真卿往谕，遇害。

颜氏满门忠烈，颜真卿为人忠正凛然，并自成雄浑浩荡的撼人书风。其工真、行书，树立唐楷典范，与欧阳询、柳公权、赵孟頫合称“楷书四大家”，与柳公权并称“颜柳”。《颜氏家庙碑》属其晚年正书杰作。此碑系颜真卿为父而立，碑额为盛唐书家李阳冰篆书“颜氏家庙之碑”六字；四面碑文主要记述颜家仕宦、治学之况，由颜真卿撰文并书，气象磅礴、法度森严，结字阔博端正，点画圆厚饱满、笔力雄健。

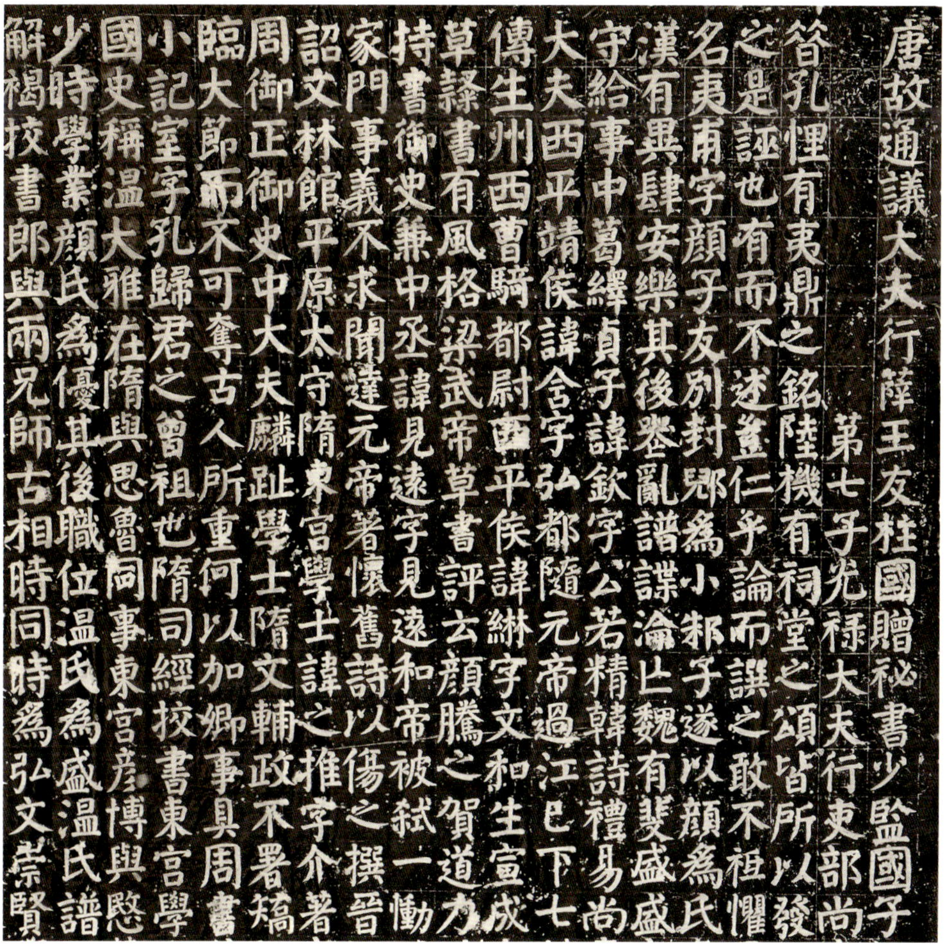

唐代（刻）
纵 338、横 156 厘米
西安碑林博物馆藏

高祖記室君國初居此
宅號州君舍人君侍馬
堂令置廟地高祖妣殷
夫人居十字街西北壁
第一宅秘書監君禮部
侍郎君侍馬號州君居
後堂華州君於堂中生
馬令充神廚少保君堂
令充齋堂廳屋充亞獻
終獻齋室

據所撰神道碑累贈秘書少監國子祭酒太子少保眞卿表謝　肅宗批荅云卿之先人德行優著學精百氏藝絕六
書頻擢甲科屢升僃政曳裾王府名右鄒枚載筆春宮道高徐阮既而壽乖華髮器紆青雲業載史臣慶傳令子追存盛美
襃贈崇斑且旌善於義方俾揚名於有後亳州生春卿杲卿曜卿旭卿茂曾春卿工詞翰倜儻有吏材蘇頲舉茂才優師丞
杲卿文理清峻所居有聲太常丞攝常山太守祿山反捨其心手開土門拜衛尉卿兼中丞城陷杲卿叱詈之遂被鉤舌支
解而終贈太子太保謚曰忠節眞卿表謝　肅宗批荅云自羯胡猖狂入我河縣所在官吏多受迫脅卿兄以人臣大
節獨制橫流或俘其謀主或斬其元惡當以救兵懸絕身陷賊庭傍若無人歷數其罪手足寄於鋒刃忠義形於顏色古所
未有朕甚嘉之曜卿工詩善草隸十五以文學直崇文館淄川司馬旭卿善草書胤山令茂曾好屬文詁訓仁厚絕衆揵為
司馬君生闕疑允南喬卿眞長幼輿眞卿允臧闕疑仁孝有吏能精詩傳善剖判杭州參軍允南仁孝有清識工詩人多誦
其佳句善草隸與春卿杲卿曜卿同日於銓庭為侍郎席建侯所賞達奚珣薦為左補闕眞卿時為殿中正至三拱
法座蹈舞而衣袂相接者三故允南賦詩云誰言百人會兄第也霑陪歷殿中膳部司封郎中司業金鄉男高卿仁和有吏
幹富平尉眞長清直早世幼輿方雅有醞藉通斑漢左清道兵曹眞卿早孤蒙伯父泉允南親自教誨舉進士歷挍書
制舉醴泉尉陟清白長安尉三院御史四為大夫六為尚書再為採訪節度充禮儀使光祿大夫魯郡公允臧敦實孝悌有
吏能制舉延昌令監察充朔方衣資使殿中三為侍御史中允江陵少尹荊南行軍亳州及君孫泉明佐父開土門彭
州司馬威明邛州司馬季明子幹沛詡頗誕及外孫博野尉沈盈盧逖並為逆胡所害各蒙贈五品京官濬好屬文翹華正
頵慈明都水使者頍好五言挍書頲仁孝方正明經大理司直嶺南營田判官執喪九日不食頵河陽尉顗鳳翔參軍頻工
小楷洸馬頎恭仁奉禮郎並早卷逝紘方義主簿泉觀並沒蠻襲明微明德明未仕通明獲嘉尉將明昌明尉克明崇文明
經衛寀標㩳之翹有德行文詞華原主簿準溧水尉靚頗工文襄陽尉覿有文行弘文進士顥仁友清白常熟令封金鄉男
穎清介勤學侍郎蔣洌賞其判京兆兵曹襲金鄉男頔仁純常熟主簿任城男頎浚儀尉頌清源尉頂幹辦揚府法曹願長
厚清白朝邑尉顥左率倉曹碩秘書正字頪有吏幹歙州錄事參軍曲阜男頻好為詩富陽尉顥好為文常州參軍並粗有
所立君之諸祖諸父孱從揚庭贖並侍讀強學益期並學士中和至誠敬仲大智溫之激之濬之搢挺援撰溫汎陵並明經
康成強學希莊日損隱朝鄰幾知微舒說順勝式宣韶並進士制舉有意中和趨庭希莊至刺史利仁明天文欣期元淵景
靈並挍書光庭注後漢書嘉賓千里昇庠匡朝怡滔渾允濟搢邈覿不器防有文詞博古少連恭敏惇學行敬仲溫之以孝
閒潤有風義晃鏻邈迨以清白稱其餘咸著官族不獲悉數洪惟累祖之耿光丕業有若子泉弘都之德行巴陵記室之書
翰特進黃門之文章秘監華州之學識肇自魯國格于　聖代紛綸盛美遂舉集于君君能述遵前人不敢失墜

清代
边长 2.4、高 3 厘米
故宫博物院藏

白玉马钮“政在养民”印

白玉质地，马钮，阴文篆刻。此印小巧可爱，为嘉庆帝御用闲章之一，与“得象外意”“天倪道管”“御书”等印为一组。印文出自《尚书·大禹谟》：“德惟善政，政在养民。”嘉庆八年（1803年），嘉庆帝经筵时闻之曰：“所行之政无不善乃为实德，而善政则在养民。”

檀香木交龙钮“乐民之乐”印

檀香木质地，交龙钮，阴文篆刻。此印为慈禧闲章，未见钤盖痕迹。印文出自《孟子·梁惠王下》：“乐民之乐者，民亦乐其乐；忧民之忧者，民亦忧其忧。”慈禧晚年制作了大量檀香木玺印，多数未用。

清代
边长 6.9、高 6.4 厘米
故宫博物院藏

碧玉龙钮“四海有民皆视子”印

碧玉质地，云龙钮，阳文篆刻。此印选用上等新疆碧玉，由苏州工匠雕刻而成，雕工细致。其印文源自清代书法家张照在避暑山庄所写联句“四面有山皆入画，一年无日不看花。”乾隆皇帝观后赋诗曰:“侍臣联句犹粘壁，前席无端略忆初。似此精神能永注，谓他赵董或难如。两言即景未详孰，五字返躬因易予。四海有民皆视子，一年无日不看书。”并将诗中最后两句篆刻成章，与康熙皇帝早期读书之所“水芳岩秀”，制成一组三方组印。

清代
边长 5.5、高 7 厘米
故宫博物院藏

民族团结

一部中国史，就是一部各民族交融汇聚成多元一体中华民族的历史，就是各民族共同缔造、发展、巩固统一的伟大祖国的历史。各民族之所以团结融合，多元之所以聚为一体，源自各民族文化上的兼收并蓄、经济上的相互依存、情感上的相互亲近，源自中华民族追求团结统一的内生动力。正因为如此，中华文明才具有无与伦比的包容性和吸纳力，才可久可大、根深叶茂。

——习近平总书记 2019 年在全国民族团结进步表彰大会上的讲话

银满文“忠诚的旧土尔扈特部英勇之王”印
新疆维吾尔自治区博物馆藏

土尔扈特部白铁盔
故宫博物院藏

青玉刘秉恬书《御制优恤土尔扈特部众记》册

玉册青玉质地，八片，制作成书籍形式，一面为玉片，一面为对应墨拓。外裹织金锦套，以紫檀木匣盛放。册文内容为乾隆皇帝《御制优恤土尔扈特部众记》。土尔扈特本属蒙古族一支，明末离开故土，迁至伏尔加河下游、里海之滨。乾隆三十六年（1771 年），土尔扈特汗渥巴锡率领十万余族人东归故土，得到妥善安置。安顿之后，渥巴锡等部族首领立即前往承德觐见，受到隆重的款待。其后，乾隆皇帝御书《普陀宗乘之庙碑记》《土尔扈特全部归顺记》和《优恤土尔扈特部众记》并立碑铭刻，以为民族团结之纪念。

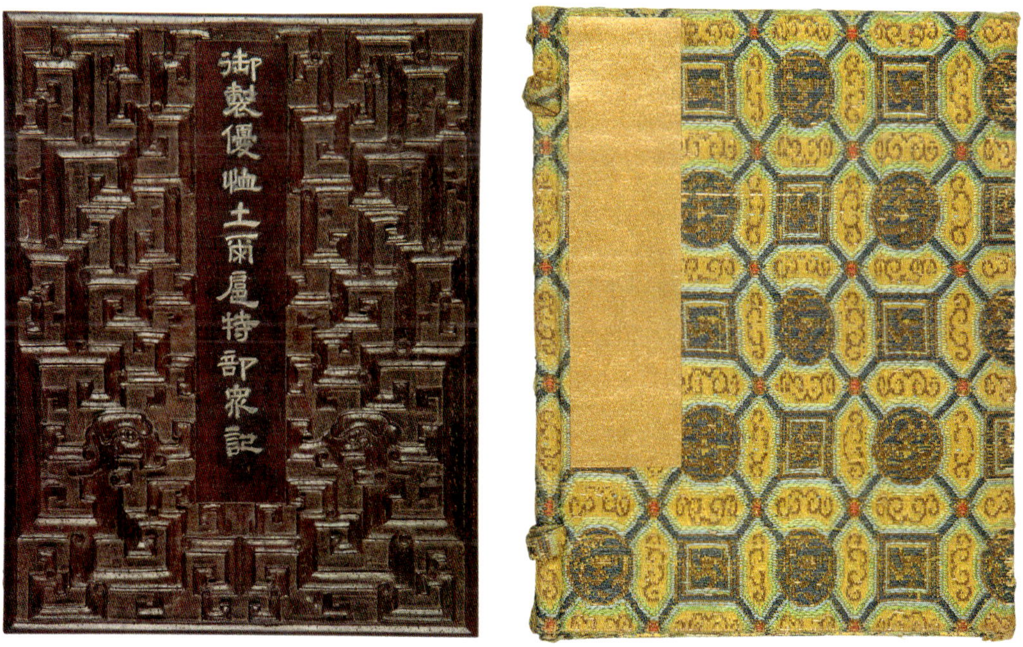

清代
长 11.5、宽 9、厚 5.6 厘米
故宫博物院藏

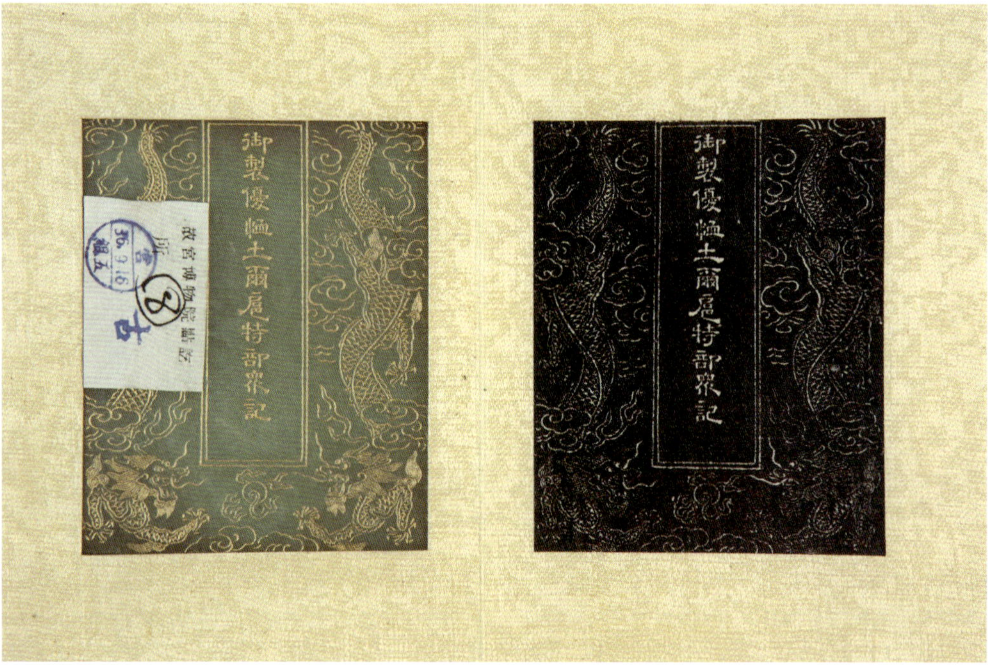
御製優恤土爾扈特部衆記
御製優恤土爾扈特部衆記

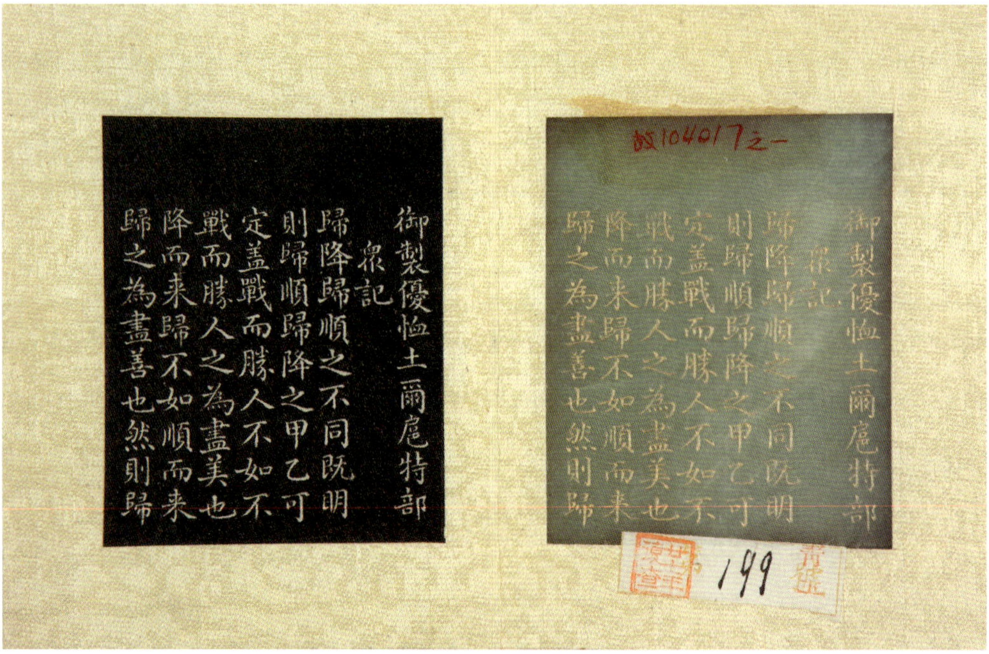
御製優恤土爾扈特部衆記
歸降歸順之不同既明
則歸順歸降之甲乙可
定蓋戰而勝人不如不
戰而勝人之為盡美也
降而來歸不如順而來
歸之為盡善也然則歸
故104017之一
199

青花藏文高足碗及银錾花纹碗座

高足碗又称“靶碗”。此件碗撇口，弧腹，下置中空高足，器外壁青花书藏文吉祥祝词一周，辅以如意纹、莲瓣纹，器内底书“宣德年制”双行四字篆书款。

明代永乐、宣德朝景德镇御器厂曾大量烧造青花瓷，器物均造型端庄、纹饰优美、做工精湛，被后人评为明代青花瓷器之冠。其绘画所使用的青料既有国产料，亦有进口料，但以使用进口“苏麻离青”料描绘的青花瓷最具时代特征。这类青花瓷釉色白中闪青，釉面常泛橘皮纹，图案呈色浓艳，常有洇散现象，有如中国传统水墨画效果。由于“苏麻离青”料属于氧化铁含量高、氧化锰含量低的“高铁低锰”钴料，致使纹饰中常泛出氧化铁结晶斑点，且斑点下沉。明人王士性撰《广志绎》载：“本朝以宣、成二窑为佳，宣窑以青花胜，成窑以五彩，宣窑之青，真苏勃泥青也。”

明代
口径 17、足径 4.6、碗高 11.5 厘米
西藏自治区布达拉宫管理处藏

银胎绿珐琅嵌宝石靶碗

这件银质靶碗制作于印度，为莫卧儿王朝 18 世纪的作品，因为外观华美、价值贵重的缘故，被六世班禅额尔德尼视为难得的珍宝，在乾隆四十五年（1780 年）专程携带至热河避暑山庄，作为七十大寿的贺礼敬献给乾隆帝。碗器身为银质，采用了源自印度拉贾斯坦的珐琅工艺，表面施烧了明艳的翠绿色珐琅。还使用了南亚痕都斯坦地区独特的金嵌宝石工艺，即用金属丝固定宝石，将宝石镶嵌在靶碗表面，镶嵌的钻石和红宝石被拼成华丽的花卉造型，装饰着靶碗表面。乾隆皇帝得到靶碗后，极为珍视，命造办处为靶碗制作了盖子，作为供器放置于养性殿西佛楼之上。

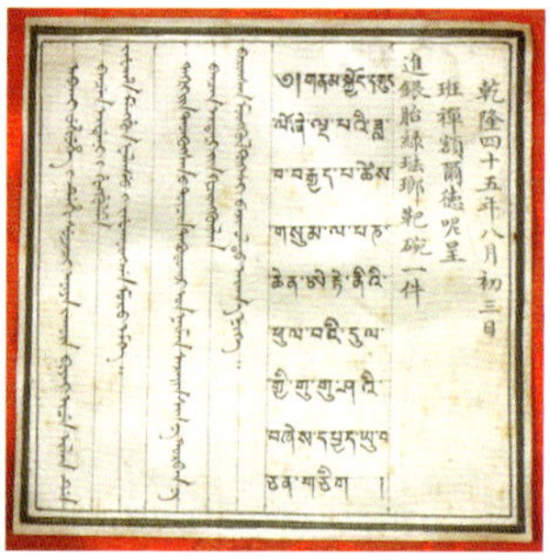

清代
口径 14.4、底径 3.5、高 23.3 厘米
故宫博物院藏

佛杵柄绒鞘丹书克剑

剑鞘木胎，外蒙黄绒，琫、珌及缘边饰件皆银镀金质。鞘身束横箍两道，与提梁连属，系黄丝绦带一根，与银环、挂钩相连，以为佩挂之用。鞘嵌青金石、红珊瑚珠装饰。

此剑在用料、造型等方面具有明显的北方少数民族风格和浓重的宗教色彩。如银、银镀金、黄绒等多为北方少数民族常用之物；而莲花座、佛杵本身就是佛教用品。剑上系白色皮条一块，上书满、汉两种文字“嘉庆七年八月初八哲布尊丹巴胡图克图恭进丹书克剑二把”。故知此剑为掌管黄教（藏传佛教格鲁派）事务的哲布尊丹巴胡图克图所进。清朝黄教主要分为四大派系，相应存在四大转世活佛，即达赖、班禅、章嘉胡图克图、哲布尊丹巴胡图克图，四人分管前藏、后藏、漠南蒙古和漠北蒙古的佛教事务。清廷对他们礼遇有加，倍加重视，不时给予优厚的赏赐。而此四人也常向清廷进贡方物，以示臣服之心。

清代
长 95 厘米
故宫博物院藏

家国永固

嘉庆十二年（1807 年）嘉庆帝御题诗《元旦试笔》“玉烛金瓯祖考贻，明窗试笔迓鸿禧”句夹注记载：“养心殿元旦开笔之典始于皇祖，而皇考继行之。予于乙卯宣谕立为皇太子，即蒙召至养心殿东暖阁明窗，教以先朝留贻例典及开笔御用法物。今敬守遵行，罔或有阙。其制于每岁元旦子刻，即躬御是处。案设金瓯一，中注屠苏；玉烛一，手引发光。先御朱毫，后染翰墨。其笔管端镌字‘万年青’，管‘万年枝’。各书吉语数字，以祈一岁之政和事理。”

金瓯永固杯作为清代皇帝在每年元旦（农历一月一日）子时举行“开笔仪式”时的专用酒杯，有着“愿政通人和，祈江山永固”的寓意。这一樽小小的酒杯，像是见证着紫禁城的新年祈愿，承载着时和岁丰、家国永固的祝愿。

《乾隆帝岁朝行乐图》局部
故宫博物院藏

金瓯永固杯

金瓯永固杯以黄金铸就，龙耳、象足，杯身錾刻缠枝花卉图案并镶嵌红、蓝宝石及珍珠等。杯沿两侧相对铸刻篆书“金瓯永固”四字及“乾隆年制”款。

清代
口径 8、高 12.5 厘米
故宫博物院藏

二

格物维新

皇皇天工，以成群萃。技道精微，格物维新。

仰观霄汉，收群星于青石；仁心济世，传雪域之明珠。素魂秀骨，江南榫卯风雅；巨匠精艺，京城样式雷传奇。在对技艺的推敲、对规律的总结、对民生的眷念中，中华民族展现出非凡的创新精神与创造伟力。

四大发明，耕作蚕织，制瓷铸铁，建筑园林，茶叶医药，天文地理……各项科学技术成就，无不凝聚着中华民族尽精微以求新知、致广大以惠亿民的探索精神。

四大发明

“火药、指南针、印刷术——这是预告资产阶级社会到来的三大发明。火药把骑士阶层炸得粉碎，指南针打开了世界市场并建立了殖民地，而印刷术则变成新教的工具，总的来说变成科学复兴的手段，变成对精神发展创造必要前提的最强大的杠杆。”

——马克思《机器、自然力和科学的应用》

在绵延 5000 多年的文明发展进程中，中华民族创造了闻名于世的科技成果，尤其是在农业、医学、天文、算术等方面形成系统化的知识体系，取得了以造纸术、印刷术、指南针和火药为代表的一大批发明创造，极大地推动了世界文明的进程。

《墓主人生活图》 新疆维吾尔自治区博物馆藏

1964 年出土于新疆吐鲁番阿斯塔那东晋墓，为我国目前所见保存完好、时代最早的纸画。

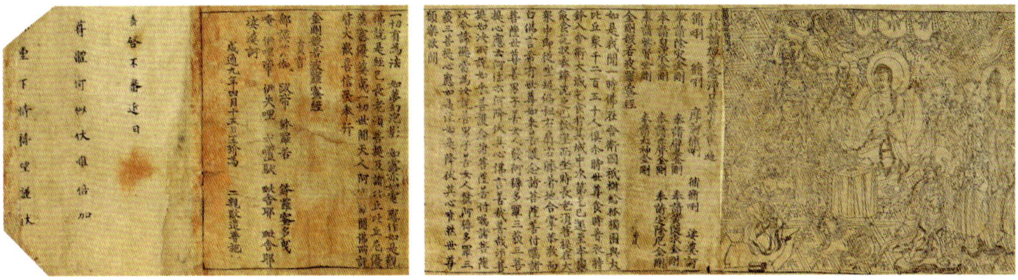

《金刚般若波罗蜜经》 英国国家图书馆藏

唐咸通九年（868 年）刊刻，是世界上目前发现最早的有确切纪年的雕版印刷品。

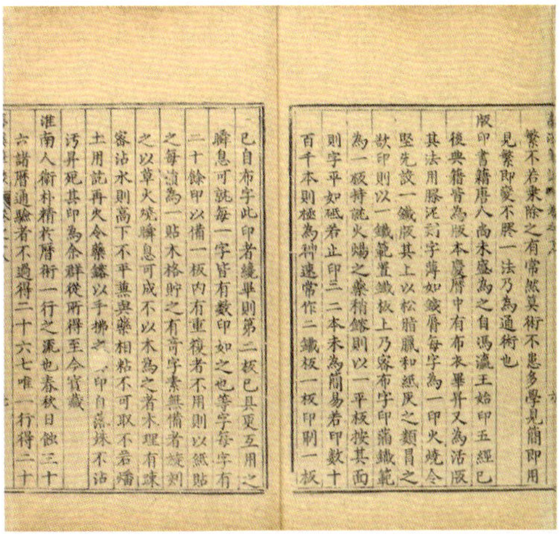

北宋沈括《梦溪笔谈》

记录毕昇发明活字印刷术。

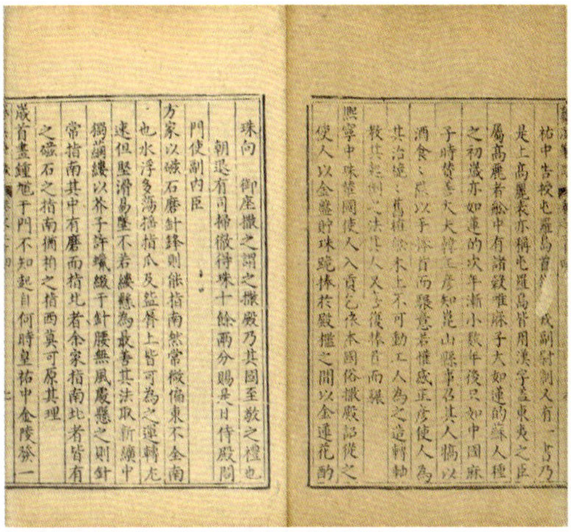

北宋沈括《梦溪笔谈》

记录指南针的改良方法。

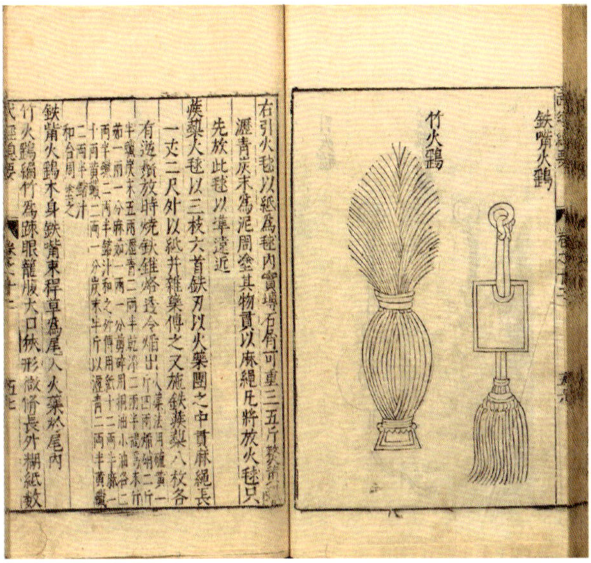

北宋曾公亮、丁度等奉敕撰《武经总要》

收录火药制法以及蒺藜火球、铁嘴火鹞、火炮等应用火药的军事武器。

《四部医典》

《四部医典》成书于8世纪末，由著名藏医药学家宇妥·宁玛元丹贡布集藏医学发展之大成，结合中医、古印度医学等编著而成。1662年《四部医典》（布达拉宫版）刻版竣工，是一部集医疗实践和理论精华于一体的藏医药百科全书，为藏医药学的经典著作。全书共分四部，采用问答句式、诗歌形式来阐释藏医药学的理论、解剖、器具、诊疗方式等必备知识，形成了一套完备的藏医学体系，是藏医药学发展的重要基石，也是祖国传统医药文化的重要组成部分。

20世纪早期印本
长57、宽9.5厘米
西藏自治区布达拉宫管理处藏

“御制回生第一仙丹”药方木雕版

清宫遗存药方雕版，木质。制作雕版的步骤是先将准备印刷的文字写在纸上，然后反贴于木板上，最后根据文字笔画，用刀雕刻成阳文。此雕版的内容为“御制回生第一仙丹”的主治病症、药物组成、制备方式和服用方法。该药主治跌打、刀伤、铳伤等，选用土鳖虫、自然铜、乳香、血竭、朱砂、麝香等药物，通过研磨、煅烧或水飞等炮制手段制作而成。此药方雕版是清代宫廷众多医事活动的片段缩影，在一定程度上体现了清宫御药的使用情况和制作水平。

清代
长 32.5、宽 24.2、厚 1.8 厘米
故宫博物院藏

木活字戳

清宫遗存之木活字戳，大字 102 个，小字 58 个。活字印刷始于宋代的泥活字。元大德二年（1298 年），王祯曾用木活字印书。其制法为：先在木板上刻字，逐字锯开，修整一致，然后在木框内排字，行间隔以竹片，塞紧后即可印刷。清光绪二十五年（1899 年），在敦煌千佛洞中，也曾发现过元代的维吾尔文木活字。在我国印刷史上，木活字的重要性仅次于刻版，自元至清各代流行很广。

清代
长 35、宽 24 厘米
故宫博物院藏

痕都斯坦墨玉嵌宝石角形火药筒

火药筒呈角形，墨玉制，上嵌金托红宝石 16 粒，为清宫旧藏御用之物。痕都斯坦玉器主要分为盛食物用的器皿和杂器两大类，玉火药筒是杂器之一，用来盛放火药以供装入枪膛射击。

清代
通长 13、口径 2.4 厘米
故宫博物院藏

铜镀金嵌珐琅日晷

日晷是利用日影变化测得时刻的一种计时仪器。此日晷一端安设指南针，另一端是珐琅环形晷石。晷石上画时辰的时刻线，晷面内有一三角形铜晷表，中有一水平器，日晷四侧及中央嵌有东西南北中五个珐琅字标。

指南针作为我国古代四大发明之一，与水平器一起放置到日晷上使用，不仅可以提高测时的精准度，也展现了中国古代科技发展的成就。

清代
长 23.5、宽 15.5 厘米
故宫博物院藏

生民有业

渔、樵、耕、织、读为中国传统农耕社会生民之业，同时也是中国传统文化中入世向俗、退善其身生活方式与人生理想的体现。其中耕为本务，读可荣身，耕读以传家，故曰“半榻暮云推枕卧，一犁春雨挟书耕”。入世则修身、齐家、治国、平天下，出世则枕青山、踏浮云、望明月、听松风。

《顾绣渔樵耕读图》轴
故宫博物院藏

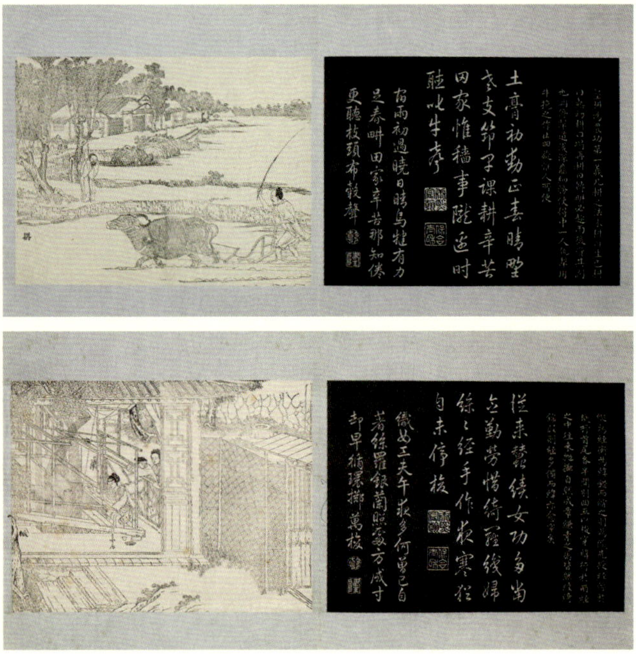

清拓《御制耕织图》册
故宫博物院藏

“慎德堂制”款粉彩耕织图盖碗

碗撇口，深弧腹，圈足。盖面和器身以粉彩绘耕织图，盖面主体图案绘有两位妇人在一个木屋中对坐纺线，屋外两个牧童牵着牛，互相交谈。器身所绘一位妇人正在织线，身后两位少女驻足观看，屋外绘耕牛图。外底署矾红彩楷书“慎德堂制”四字双行款，为清道光皇帝在圆明园中御用盖碗。

耕织图最初是南宋时期以连环画形式绘制的，反映农业耕作和桑棉纺织的内容，清康熙皇帝命人重新绘制。重绘的耕织图以多种形式流传，也出现在瓷器的装饰上。

清代
口径 10.7、足径 4.4、通高 8.5 厘米
故宫博物院藏

碧玉渔樵耕读图笔筒

以渔樵耕读为内容的装饰题材兴起于明、清，以渔舟唱晚、樵夫归家、农夫春耕、秉烛夜读为主要内容，概括了农耕社会根本四业，既富有生活意趣，又暗含社会太平、人们安居乐业的祈愿。

清代
口径 13.2、高 13.5 厘米
故宫博物院藏

《天文图》碑拓片

《天文图》碑青石质地，碑石完好，由南宋黄裳绘制并在其任嘉王府翊善期间进献给当时还是太子的宋宁宗赵扩，淳祐七年（1247 年）由王致远组织刊刻上石，并树立于苏州府学。碑石主体分为星图与图说两部分，是根据北宋元丰年间（1078 ~ 1085 年）的观测结果绘制的。星图的下半部分是对星图的文字解说，文中以白色边框列出了“天体”“地体”“南极”“北极”“赤道”“日”“黄道”“白道”“纬星”“经星”“天汉”“十二辰”“十二次”“十二分野”14 个专有名词进行解说，内容涵盖太极论、天圆地方、天人感应、星官学、二十四节气等古代天文学说。

《天文图》碑是世界上现存较早、较完整、较精确的大型石刻星图，是对当时天文学研究最简明权威的阐释，一定程度上体现了 11 世纪之前中国天文学发展的最高成就，在中国古代科技史上有重要地位。

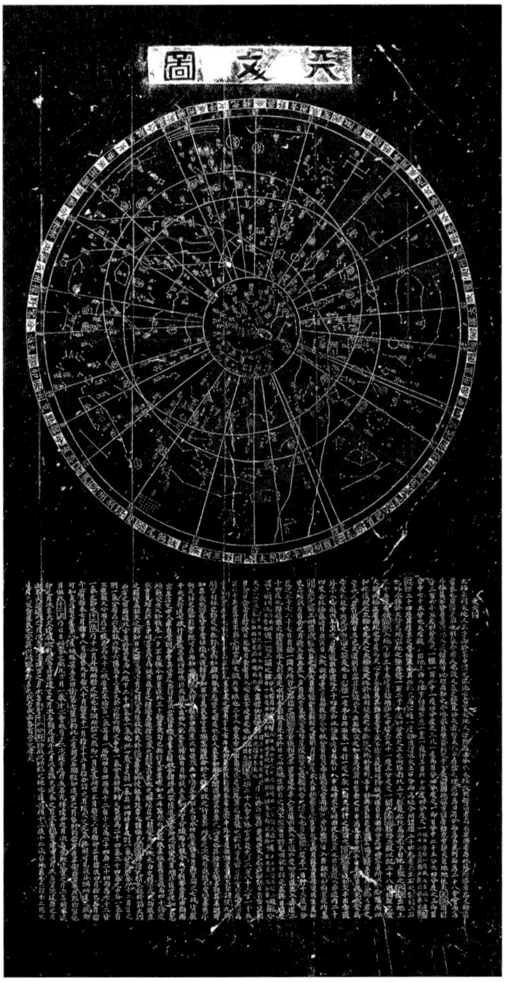

南宋（刻）
碑纵 216、横 108 厘米
苏州碑刻博物馆藏

长春宫烫样

长春宫是紫禁城西六宫之一，始建于明永乐十八年（1420 年）。“烫样”是清代对建筑模型的称谓。该烫样制作年代不详，从其格局推测，应完成于清咸丰九年（1859年）之后。烫样中凉棚形式与长春宫正殿一致，分为五间，用杉篙支起，搭出悬山顶样式，上覆苇席，殿顶开天窗，窗上分设一层卷箔和油布以防沙防雨。从中可见清宫夏季防暑的一项具体措施。

自康熙中叶到清末，有雷姓家族八代传人供职于皇家建筑设计机构“样式房”，长期担任“掌案”，被誉为“样式雷”。作为当时的设计程序之一，“烫样”是其职业活动的忠实记录，根据建筑物的设计尺寸按比例制作而成。能够反映建筑的形式、色彩、尺寸和内部装修等。

清代
长 49、宽 49、高 28 厘米
故宫博物院藏

样式雷

清代皇家建筑包括都城、宫殿、坛庙、园林、陵寝、府邸、衙署等，一向由供役“样式房”的“样子匠”设计。从清代康熙时期至清朝末年两百多年间，雷氏家族八代人赓续从事皇家建筑规划设计并担任“样式房”掌案职务，其传世作品包括紫禁城、颐和园、天坛、避暑山庄、沈阳故宫、关外三陵、清东陵、清西陵、圆明园、静明园、北海与中南海、恭王府等。

颐和园戏楼烫样　故宫博物院藏

圆明园西路万方安和殿烫样　故宫博物院藏

微缩明式家具

王锡爵，字元驭，号荆石，太仓人。明嘉靖四十一年（1562 年）榜眼，万历十二年（1584 年）升礼部尚书兼文渊阁大学士，万历二十二年（1594 年）加少傅兼太子太保、吏部尚书、进建极殿大学士，万历二十一年（1593 年）正月至二十二年五月任内阁首辅。

榫卯是中国古典家具的主要结构，是两个构件上采用凹凸部位相结合的一种连接方式。其中，凸出部分叫榫，凹进部分叫卯。一榫一卯之间，一转一折之际凝结着中国几千年传统家具文化的智慧，也造就了简约却不简单的明式家具。这套出土自王锡爵夫妇合葬墓的微缩明式家具，即以一定比例缩小的家具的明器模型，具有较高的工艺水平，为研究明式家具以及明代文人生活场景提供了重要的实物参考。

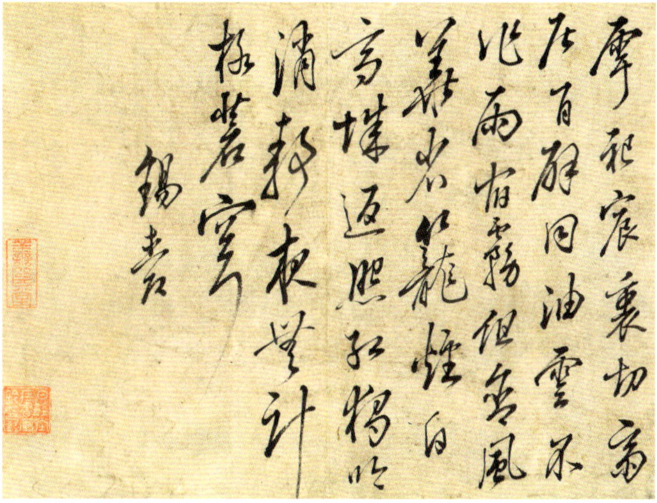

《明贤翰墨册——王锡爵行书诗》 故宫博物院藏

木床

拔步床，俗称八步床，主要出现在明代晚期富庶的江南地区。床体上有顶盖，下有底座，前有廊庑，四周设矮围栏。床前中间部位留出可以上下的床门。廊庑两侧可入人，亦可放置小桌、凳、衣箱、马桶、灯盏等物。楣板上镂雕“禹门洞”图案，床四周围“卍”字纹栏杆。拔步床是所有寝具类型中形制较大、功能构造较为复杂的一种，集中体现了当时人们的审美意趣与时代风尚。

明代
长 39.6、宽 27.7、高 41.4 厘米
苏州博物馆藏

木桌、木椅

木桌为平头案式，案面平直，两端无饰。此桌有替木牙子，两侧设双枨。牙子的作用是将案面及其上所承重量均匀地分散在四条桌腿。枨起到梁的作用，限定桌腿的位置，双枨能提供更高的稳定性。

木椅因搭脑和扶手两端出头，称“四出头”，这种搭脑出头的样式好似明代官员带有帽翅的官帽，故名“四出头官帽椅”。靠背板略呈“S”形。整体比例均匀，结构稳定，方圆搭配，曲中有直。

明代
桌长 32.7、宽 22.2、高 23.8 厘米
椅宽 20.8、高 29 厘米
苏州博物馆藏

木衣架

衣架立柱上端出榫插入搭脑，搭脑中平，两端上翘作祥云形，立柱下端出榫植入墩式足。足上圆下方，略似桥形，两侧有站牙挟扶。中部透雕“卍”字形花板。

明代
宽 41、高 38.5 厘米
苏州博物馆藏

木盆架

盆架六足，高背，上端后倾，出榫与横木相接。横木中平，两端上翘作祥云形。足间上下有星字枨两道，放置锡脸盆。足上端饰宝塔形的柱顶。

明代
高 41 厘米
苏州博物馆藏

三

汇流澄鉴

穆穆风雅，金声玉振。经史子集，汇流澄鉴。

五千年中国智慧，文脉绵延，诗墨犹香。银钩交互，刻千秋经义。石壁靡尘，存万世之师。礼序乾坤，乐和天地，文华尽汇，乃成《四库》。

为天地立心，为生民立命，为往圣继绝学，为万世开太平。

后蜀残石经

后蜀石经，即孟蜀石经，因刊刻始于五代十国后蜀广政元年（938 年），亦名广政石经。刊刻初由后蜀宰相毋昭裔主持进行，宋又补刊，内容共涉十三部儒学经典，世称“十三经”，完成中国历史上儒家十三经的首次集结。

本件残石系后蜀石经残块，双面刊刻《诗经》，一面为《周颂》，一面为《鲁颂》，均以大字铭经文、小字刻注解，经注并行，体例严整。

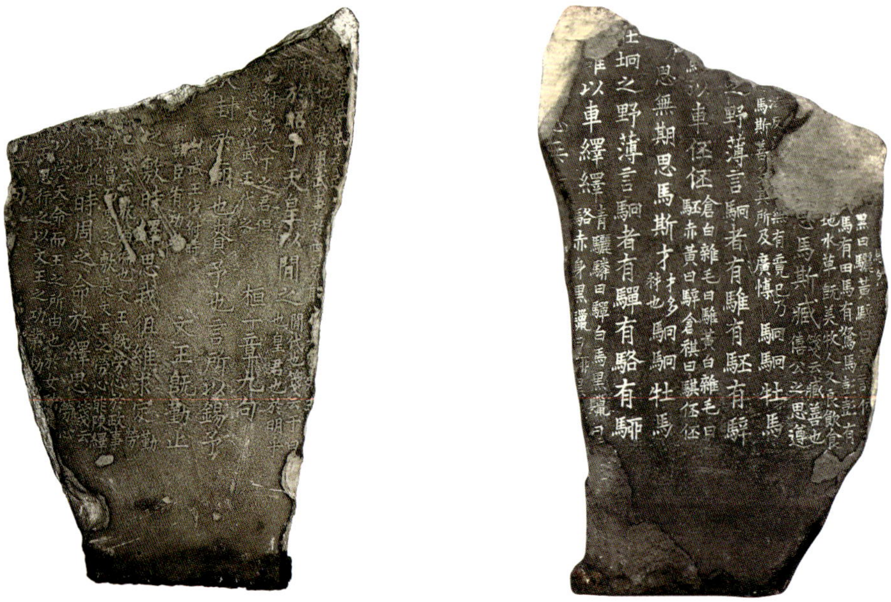

五代至宋
残长 40、残宽 21.5、高 7 厘米
四川博物院藏

后蜀石经

中国古代官方在碑石上刊刻的官定儒家经书，被称为儒家“石经”，是供士子学习和校写经书所依据的标准文字，对于规范文字、推广教育有重要作用。后蜀石经是中国历代石经中费时最长、规模最大的一种，其既刻经文，又刻注文，经注并行，且校刻精确，体例严整，长期为学林所宝爱，对儒学“十三经”的正式定型和对儒家经典“文献典范”的形成，有极重要影响。

（君子以俭德）辟难，不可荣以禄。
——《周易·否》

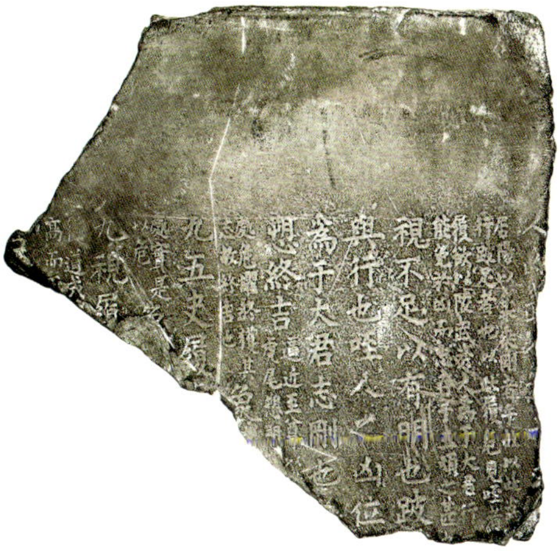

（武人）为于大君，志刚也。
——《周易·履》

厥贡盐絺，海物惟（错）。
——《尚书·禹贡》

惟臣钦若。
——《尚书·说命》

让后人于丕时。

——《尚书 · 君奭》

（或）鼓或罢，或泣或歌。

——《周易 · 中孚》

初九虞吉，志未（变也）。

——《周易 · 中孚》

厥田惟中。

——《尚书 · 禹贡》

碧玉描金云龙纹特磬

特磬采用整块新疆和田碧玉琢磨而成。玉质纯净莹润，琢磨精致光洁，两面饰以描金双龙戏珠和流云纹，线条生动流畅，纹饰的金黄色与玉质的碧绿色相映生辉。磬体规整平阔，类似木匠用的曲尺，只是倨句角度为钝角而非直角。磬的长边为鼓，短边为股，即《周礼·考工记》中所记载的“股二鼓三”。鼓股相交处钻有圆孔，用以穿系明黄色绦绳悬挂于簨虡之上，以备敲击发声。前面篆乾隆皇帝御制磬铭，后篆律名“特磬第三太簇”和年款“大清乾隆二十有六年，岁在辛巳，冬十一月乙未朔，越九日癸卯琢成”。

清代
鼓长 62.5、鼓博 20.4 厘米
股长 40.4、股博 30.7 厘米
厚 3 厘米
故宫博物院藏

白玉交龙钮“文渊阁宝”

白玉质地，交龙钮，阳文篆书。此印于乾隆三十九年（1774 年）开始制作，印形、印钮雕刻完毕后，发往苏州织造刻字，历时一年完成。文渊阁位于文华殿后，是清代宫廷藏书处。清代《四库全书》正本和《古今图书集成》两套巨著即藏于此。乾隆四十七年（1782 年），《四库全书》第一部告成。乾隆帝谕：“自四月四日始，每册用御宝二。”前曰“文渊阁宝”，后曰“乾隆御览之宝”。此宝专门钤盖在文渊阁本《四库全书》之上。

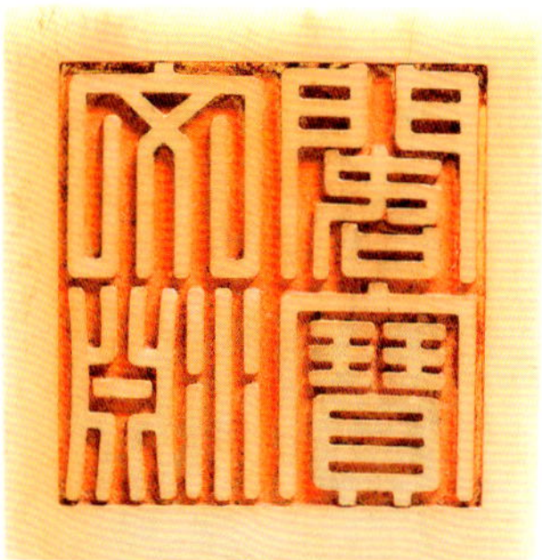

清代
边长 12.8、高 7 厘米
故宫博物院藏

纪昀楷书《钦定四库全书简明目录》

《钦定四库全书简明目录》共四卷，经、史、子、集四部各一，尾款纪昀。纪昀，字晓岚，一字春帆，官至礼部尚书、协办大学士、太子少保。因学问神达，乾隆帝命其总纂《钦定四库全书》。此四卷书风为清代典型的馆阁体，笔触流畅圆融，字迹精整工致、大小有度、一丝不苟。

清代
纸本 楷书
纵 28 厘米，横不一
故宫博物院藏

青玉《御制经筵毕文渊阁赐宴诗》册

青玉质地，四片，外套锦匣。册文载于乾隆《御制诗四集》卷八十七，全名《经筵毕文渊阁赐宴以四库全书第一部告成庋阁内用幸翰林院例得近体四律首章即叠去岁诗韵》，为乾隆帝经筵后在文渊阁赐大臣宴的纪实之作。诗文删减了注释部分，刻于玉册上，并装潢成书版形式，由曹文埴恭书，原贮藏在养心殿内。

清代
长 20.7、宽 12.8、厚 3.5 厘米
故宫博物院藏

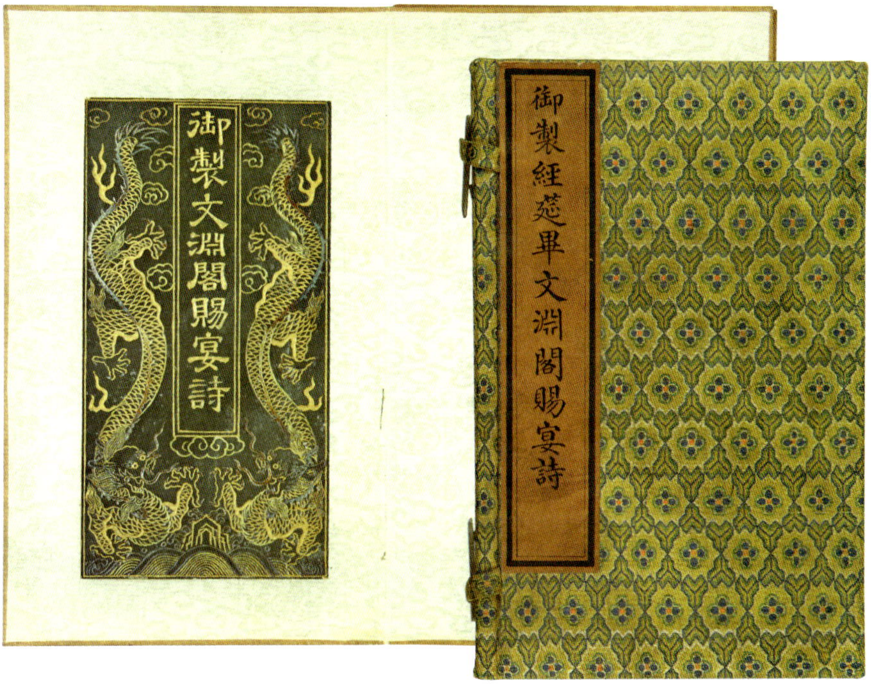
御製文淵閣賜宴詩
御製經筵畢文淵閣賜宴詩

御製經筵畢文淵閣賜宴以四
庫全書第一部告成庋閣內
用幸翰林院例得近體四律
首章即疊去歲詩韻
長律昨春示程替迓成膏暑竟
前移書多二酉本難究歲始浹
旬原弗遲庫四犀欣瞻有蕆奉
三我自凜無私繁於永樂醇於

青玉《御笔文渊阁记》册

青玉质地，一匣十片，由紫檀木匣盛之。玉册内容为乾隆皇帝所撰《文渊阁记》，作于清乾隆三十九年（1774 年），文中讲述了建造文渊阁的缘由及意义，是以“继绳祖考觉世之殷心，化育民物返古之深意”。玉册亦于同年开始制作，历时一年制成。

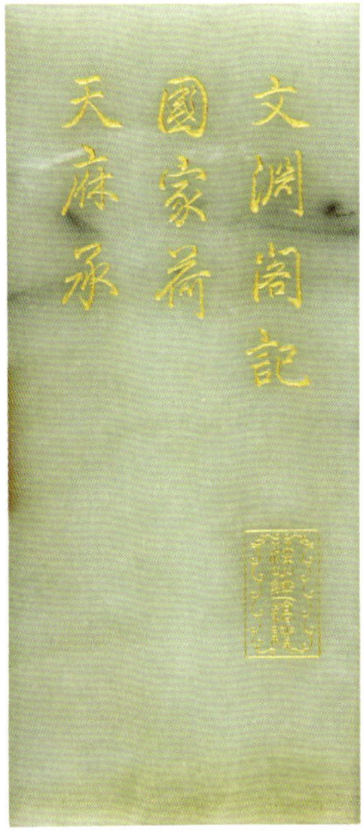

清代
长 24、宽 10.5、厚 7 厘米
故宫博物院藏

《钦定四库全书》

《钦定四库全书》为中国古代规模最大的丛书，清代乾隆皇帝敕辑。乾隆三十八年（1773 年）诏开“四库全书馆”，以纪昀等为总纂官，辑《永乐大典》散篇，并收罗天下之遗书。全书内容浩瀚，分经、史、子、集四部，部内设类、类下有属，近乎囊括历代所有重要典籍。经部收录儒家经典，史部集聚历朝史书，子部采撷诸子百家之学，集部荟萃诗文词曲歌赋。“四部各依春、夏、秋、冬四色”装潢，以便检阅。后共抄七部，分藏南北七阁。《钦定四库全书》全面梳理了中华传统文化经典，鲜明呈现古典文献体系，几乎所有学科领域都能从中寻得源流，可谓中华古典文献集大成之作。

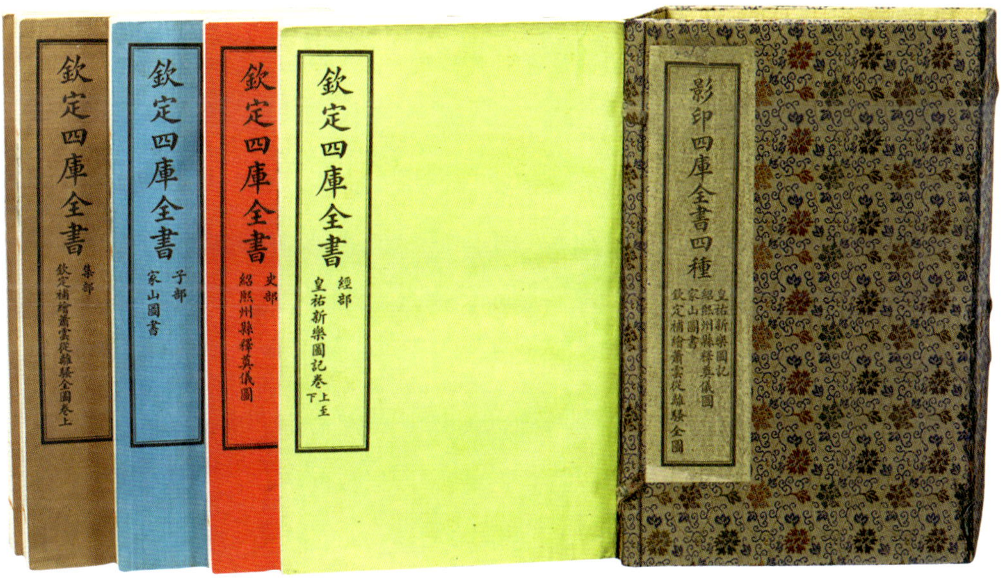

清代
故宫博物院藏

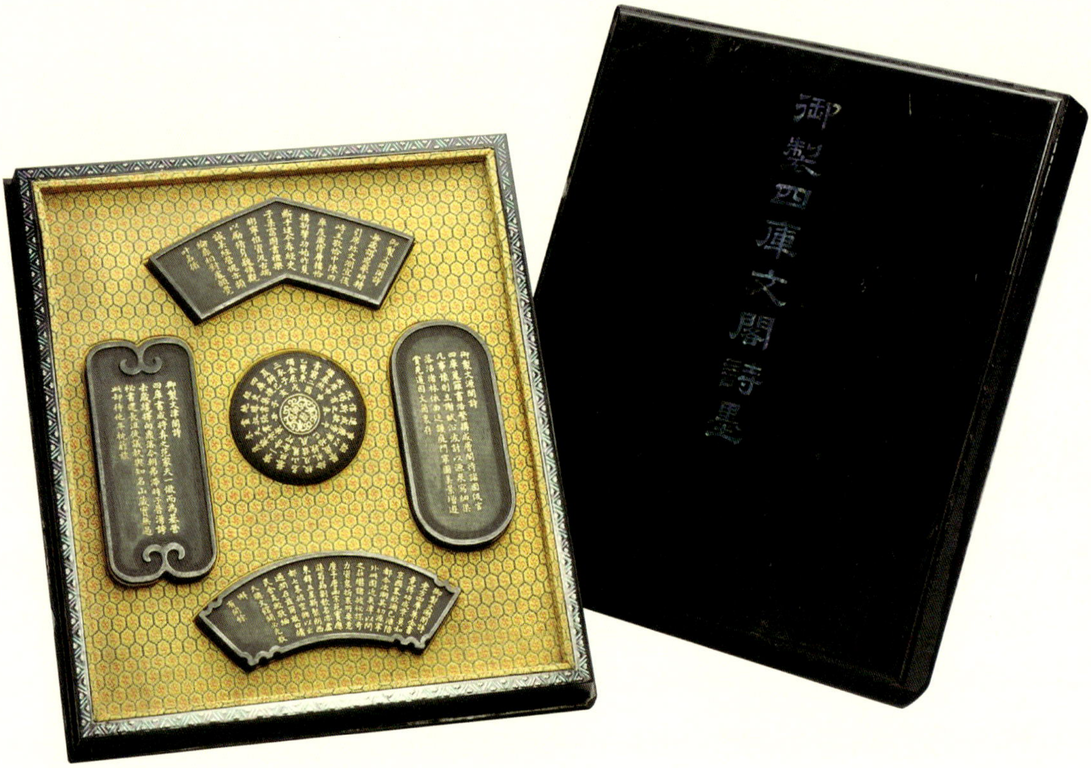

御制四库文阁诗墨
故宫博物院藏

文渊阁

文渊阁为清代宫廷藏书楼，乾隆四十一年（1776 年）建成，位于文华殿后，用于贮藏《四库全书》。

文渊阁坐北面南，阁制仿浙江宁波天一阁。阁东侧建有一座碑亭，以黄色琉璃瓦覆顶，亭内立一石碑，碑阳镌刻乾隆帝御书《文渊阁记》，碑阴刻《文渊阁赐宴诗》。

文渊阁碑碑阳刻《文渊阁记》

文渊阁碑碑阴刻《文渊阁赐宴诗》

文渊阁内景

加
拜
次
夾
路
太
但
斯
羅
使
迹
撒

结 语

泱泱中华，万古江河，晨禹迹而暮朝歌，泽丰镐而卫河洛。取九原之殊勇，舞南越之金戈。融南北之血脉，混东西为一科。

“何以中国”，实为中华民族之永恒命题。

展厅之内，重器凝万古之志，典籍汇千载之思。精工绝艺，融通中外。天地造化，入我胸怀。此即万千年以来，我百世祖先同心书写之答案。

展厅之外，国家强大坚毅，社会生机勃勃，科技日新月异，人民幸福安康。此即百余年来，无数志士先驱以青春、汗水、生命与信仰砥砺铸就之答案。

今天，面对百年未有之变局，值此民族复兴的关键时期，站在“两个一百年”奋斗目标的交汇点上，我辈更当以史为鉴、开创未来、埋头苦干、勇毅前行，为后世中华子孙留下“何以中国”的时代答案。

当后人回望我们的事业时，希望能一如我们凝视前人的成就一样，满怀自豪地说出：“这，就是中国！”

附录

何以中国——展览思考

金瑞国

国家文物局政策法规司司长

一、概述

1. 展览缘起

国家文物局指导，中央广播电视总台、故宫博物院牵头，联合全国30多家文博机构，与《国家宝藏·展演季》节目相配合，举办“何以中国”中华古代文明暨《国家宝藏》文物特展。

《国家宝藏·展演季》最后一集节目于2021年11月30日录制，12月25日晚在CCTV–3播出，30位博物馆馆长向公众推荐了各具特色的文物参演参展。

2. 展览时、地

展览地点在故宫文华殿（展厅面积约800平方米、展线约235延米），开幕时间拟定于2022年1月中下旬，展期约三个月（跨越壬寅年春节、冬奥会、清明节）。

文华殿北侧的文渊阁，是乾隆四十一年（1776年）建成后珍藏第一部《四库全书》的地方。《四库全书》是中国典籍精粹，也是中华文化精华，因此本展览最后一件文物确定为《四库全书》，与建筑文物呼应。

二、展览结构

1. 核心价值

展览的核心价值是讲述“多元一体、连绵不绝、兼容并蓄”的中华文明特质，特别是要讲清楚中华文明起源和发展的历史脉络、中华文明取得的灿烂成就、中华文明对人类文明的重大贡献，丰富全社会的历史文化滋养，使公众更好地认识源远流长、博大精深的中华文明，为弘扬中华优秀传统文化、增强文化自信提供坚强支撑。

2. 主题

聚焦中华文明特质，展览的主题是“何以中国”，述说最中国的故事；主线是中华文明的“源”“流”“汇”，大致分别对应“多元一体”“连绵不绝”“兼容并蓄”。

考虑到在故宫举办展览，拟在“源”“流”“汇”三个单元下各设三个子版块，合成“九章”。各版块体量基本相当，均应围绕主题展开。

3. 指导思想

运用辩证唯物主义和历史唯物主义理论，融入中华优秀传统文化中的积极因子：以人为本、天人合一、道法自然、自强不息、和而不同、天下为公等。“源”于“生”；“流”贵“和”；“汇”及“民”。

4.“源”之内涵

“源：多元一体”包括：“地理·生业”“物产·生活”“思想·生息（意为休养生息、生生不息）”。从中国地理（地形地貌、周界联系）分析开篇，阐释中华文明生产力动因（农耕、织造、制陶等），以中国独特的、延续至今的物质文化（青铜、玉器、瓷器等），展示其中蕴含的哲学思想、价值观念、制度体系，以及对当代中国的影响，强调她们对于中华人文精神的滋养，并使我们成为“中国人”的源泉。

此单元内容，主要包括百万年人类史、一万年文化史、五千多年文明史，以及先秦思想、制度、生产等，展示中华文明起源及早期发展。

5.“流”之内涵

“流：连绵不绝”重点体现时代价值，即“流”入当下、世代接续，形成“中华民族共同体”“人类命运共同体”“地球生命共同体”。

“中华民族共同体”阐明我们祖国的辽阔疆域由各民族共同开拓，悠久历史由各民族共同写书，灿烂文化由各民族共同创造，伟大精神由各民族共同培育。各民族政治上团结统一，文化上兼容并蓄，经济上相互依存，情感上相互亲近，多讲民族融合、民族平等、民族团结、各民族共同繁荣，不强调具体民族、王朝的文化特性。

“人类命运共同体”以交流、交往、交融为重点，展示中华文明同世界其他文明互通有无、交流借鉴。在表现中华（汉、唐）开放包容气度、吸纳域外文明成果、不断发育思想及物质文化的同时，更突出中华文明向世界贡献了深刻的思想体系、丰富的科技文化艺术成果、独特的制度创造，深刻影响了世界文明进程。强调文明因交流而多彩、因互鉴而丰富。文明交流互鉴，是推动人类文明进步和世界和平发展的重要动力。

“地球生命共同体”表现中国人尊重自然、顺应自然、保护自然（绿色、协调、可持续）的哲学情怀，人与人、人与社会、人与自然和谐共生的道德追求，寄情山水、崇尚修为、兼济天下（公平正义）的价值理念，并发展为“两山”理念（扩展为新发展理念），强调中国主张、中国方案、中国智慧对于世界生态文明和国际治理的最新贡献。“万物各得其和以生，各得其养以成。”

此单元内容，“中华民族”讲一体性，“人类命运”述多元性，“地球生命”叙多样性，共同讲述中华文明对人类文明进步的重大贡献。

6.“汇”之内涵

“汇：兼容并蓄”既集大成中华文化优秀成果，更鲜明地揭示一切文明历史都由人民创造、人民享有、人民传承（人民是历史的主人和文明向前发展的主导者）。包括“本固邦宁·民本”“格物维新·民生”“典籍中国·民智”。

“本固邦宁·民本”突出强调文化艺术映照生活、关切苍生。艺通乎神，而爱民。崇民本以固金瓯。

“格物维新·民生”重点表现科技发展促进社会进步、民生改善。技进乎道，而为民。惠民生以格万物。

“典籍中国·民智”略述历代名典之后，集中解读《四库全书》的要义精髓，阐发中国典籍的当代功能。典达乎智，而亲民。聚民智以成典籍。

此单元内容，主要讲述中华文明基于生民（人民福祉）的灿烂成就。

三、建议

1. 大视野

坚持正确史观，以物记事，以事叙史，以史启思。大开大合，粗线条适当突出几个亮点；且深且入，坚决落实三个“讲清楚”。切不可面面俱到，更不要陷入形而上学和低级学术观点。每个单元、版块文字以四至五段为宜，每段二三句，每句皆有意义（不说空话），每词都不重复（文采）。

2. 大主题

紧紧聚焦“何以中国”主题，在处处时空中讲述中国故事，每个单元、每件文物、每幅背景均不可偏离。运用好情节（叙事）、环境（技术、艺术）、表达（前言、单元、版块、结语及文物说明文字）三大展览要素，将文物切实融入展览之中，仿佛进入合乎逻辑的沉浸式电影，文物是最好的演员，在剧中表演，讲述中国故事。好的展览，观众是看得懂的。

3. 大时代

积极运用当今对于中华优秀传统文化的最新认识成果，如马克思主义基本原理同中华优秀传统文化相结合、地球生命共同体等。展览不仅记忆和理解过去，更要关照当下、启迪未来，体现当代价值、世界意义，为续写中华文明新辉煌做出博物馆人和电视人的贡献。一起用前所未有的展览交出“何以中国”的时代答卷。

“何以中国”展框架结构

单元	版块	主要内容
源：多元一体（生）	地理·生业	中国地理、生产力发展及文明动因
	物产·生活	独特内涵的、延续至今的物质文化
	思想·生息	哲学思想、价值观念、制度体系
流：连绵不绝（和）	中华民族共同体（血脉相依）	疆域共同开拓 历史共同写书 文化共同创造 精神共同培育
	人类命运共同体（和衷共济）	交流、交往、交融 线路、事件、人物 文化发育 世界贡献
	地球生命共同体（休戚与共）	尊重自然、尊重生命、尊重规律 人与人、人与社会、人与自然和谐共生 寄情山水、崇尚修为、兼济天下（公平正义）
汇：兼容并蓄（民）	本固邦宁·民本	崇民本以固金瓯
	格物维新·民生	惠民生以格万物
	典籍中国·民智	聚民智以成典籍

用文物讲述“早期中国”

赵曾健

故宫博物院文物管理处

“民族国家”既是“政治—法律”共同体，也是“历史—文化”共同体[1]。因此，对历史文化的认同感之于国家的发展尤为重要，“一个国家内国民享有的共同文化、共同价值观越广泛和深厚，越容易建立起较为稳固的国家认同”[2]。文物作为历史的见证者、文化的承载者，最能直观阐释“国家”的历史文化共同体概念。在凭借文物向观众传播文化内涵与价值观的诸多途径中，展览是最直观、高效也最为观众熟悉和接受的途径之一。

“早期中国”这一概念最早由美国《早期中国》刊物的创始人吉德炜提出，他将“早期中国”的时间界限划定为史前到汉代[3]，这里的“早期中国”似更强调地理范围而非文化概念。文化概念上的“早期中国”被韩建业定义为“秦汉以前中国大部分地区因文化彼此交融联系而形成的相对独立的文化共同体，也可称为早期中国文化圈”[4]。从时间范围上来看，文化概念上的“早期中国”至少应囊括新石器时代至秦汉之间的时间范围，此间“早期中国”的形成对于中华文化的奠基与发展至关重要；对于“早期中国”

1. 吴玉军：《论国家认同的基本内涵》，《中国特色社会主义研究》2015 年第 1 期。
2. 周平：《民族国家认同构建的逻辑》，《政治学研究》2017 年第 2 期。
3. David N. Keightley，“Editorial Statement”，*Early China*，no.1（1975），p.i.
4. 韩建业：《论早期中国文化周期性的“分”“合”现象》，《史林》2005 年增刊。

文化发展特点的认知直接影响当代中国人对于民族国家的认同。

“早期中国”距离我们既遥远又亲近。从时间上看，“早期中国”距离今天已十分遥远；然而，由“早期中国”一脉相承而来的中华文明累累硕果至今仍为我们所享用。其中的文化基因更源源不断地影响着世世代代的中国人，潜移默化成为我们的生命记忆。

本次“何以中国”展第一单元“源”的时间范围基本涵盖新石器时代至秦汉这一“早期中国文化圈”的形成时期，策展团队希望借助文物阐释中华文化的特质，用独具特色的展览语言为观众讲述中华文化之源。在展览内容叙事编排中，展览第一单元遵循一“明”一“暗”两条线索。明线即用“天地之间”“生作在兹”与“启蒙奠基”三个专题小节分别阐释“早期中国”的地理生业、物产生活与思想生息。暗线则贯穿始终，即采用前后呼应、对比等手法，通过典型文物揭示“早期中国”文化的三个鲜明特点——本土性、多样性与继承性。本文尝试结合考古学研究成果论述第一单元的暗线逻辑。

一、藏礼于器——“早期中国”文化的本土性

关于文化领域“早期中国”如何形成，中华文化发祥自本土的观点迄今已成为学界主流，无可撼动。然而，在 20 世纪初，中华文化“西来说”在欧洲学者间盛行。瑞典考古学家安特生对比中国河南、甘肃等地的彩陶，认为与西亚、东欧的史前彩陶极其相似。他认为在新石器时代晚期，一支以彩陶为代表的先进农业集团自西向东进入中国的黄河流域，汇入原有的文化，进而成就中国的史前文化。鉴于安特生在国际学界的影响力，持中华文明“西来说”的学者以此作为“坚定”的论据。直到 1931 年山东龙山遗址的发现，中国史前文化序列日渐清晰，考古实证从根本上撼动了“西来说”的根基。“早期中国”在文化领域发展出了显著的“本土性”，具有区别于西亚、东欧等地的思想文化及其物质体现。如果列举“早期中国”区别于其他文明的文化产物，陶瓷、

图1　玉龙
新石器时代红山文化
故宫博物院藏

玉石、青铜无疑是最具代表性的三类。而“礼制”则是早期中国有别于世界其他文明的主要思想特质之一[1]，对于中华文明形成的进程具有重大意义。“礼制”思想在“何以中国”的陶器、玉器、铜器展品中均有所体现，“早期中国”最为典型的物质与思想激烈碰撞，为中华文化注入了极强的“本土性”特质。

将中华文明独有的礼制思想赋予其独具特色的代表性物产之中，最能体现中华文明特质的器物——礼仪用玉由此诞生。中国治玉历史悠久，至少自距今9000年前的小南山遗址已开始发现玉器。兴起于辽河流域的红山文化继承了兴隆洼文化对于玉器的喜爱，形成了中国历史上第一个玉文化高峰。红山文化出土玉器中存在大量富有浪漫主义色彩的想象生物，红山文化玉龙便是其中代表。红山文化的遗址中出土有大量玉龙，学界关于红山“玉龙”形象的起源仍存在不同看法，但是“这类玉器的制作不是随意为之，而是遵守着严格的规则，受着一定观念形态的制约”[2]，其主要功能与祭祀仪式密切相关，可称其为最早的玉制礼器[3]（图1）。新石器时代中期的红山文化社会形态大体构成了崇尚神权的格局[4]，祭祀活动在红山文化日常生活中非常重要，稀有、美丽的玉石制品成为事神的不二选择。从目前已知的

1. 韩建业：《早期中国——中国文化圈的形成和发展》，第268页，上海古籍出版社，2020年。
2. 孙守道、郭大顺：《论辽河流域的原始文明与龙的起源》，《文物》1984年第6期。
3. 张得水：《史前玉礼器的起源与发展》，《东南文化》2000年第11期。
4. 李伯谦：《中国古代文明演进的两种模式——红山、良渚、仰韶大墓随葬玉器观察随想》，《文物》2009年第3期。

考古成果来看，红山文化玉器多出土自祭祀遗址[1]，具有极强的“祭祀礼仪”属性。

陶器的产生是新石器时代的重要标志[2]，“陶器的发明是人们第一次利用水、土、火，改变自然物质的性质使之成为全新物质的伟大发明”[3]。中国已知最早的陶器出现于距今15000年左右的旧石器时代晚期[4]，到新石器时代已普及使用。自新石器时代起，“早期中国”的陶器便带有典型的本土特征，不仅作为生活用器被普遍使用，更被赋予了深层的文化内涵，与先民们的精神世界相连接。在本节展出的龙山文化蛋壳黑陶套形杯便是其中代表（图2）。“蛋壳陶”为山东龙山文化所特有，是一种制作精致、造型小巧、外表漆黑黝亮、陶胎极薄、质地坚硬似瓷的陶器，因其陶胎“薄如蛋壳”而得名。蛋壳黑陶的前身为实用器皿，但是其主体伴随发展已脆弱易碎，丧失了陶器原本的实用功能，成为一件彻头彻尾的礼仪用具[5]。蛋壳黑陶是龙山文化思想与工艺之集大成者，龙山文化时期的陶制礼器已形成较为固定的组合搭配，除展出的杯之外，较为典型的礼器还有鼎、罐、甗等。有观点认为尽管龙山文化的礼仪思维尚属初期，但其或是商周青铜礼器的雏形，属中华文明起源的重要标志。

图2　蛋壳黑陶套形杯
新石器时代龙山文化
山东博物馆藏

1. 已知红山文化玉器主要集中出土的遗址如：牛河梁、草帽山、胡头沟等，均与祭祀活动相关。
2. 恩格斯：《家庭、私有制与国家的起源》，《马克思恩格斯选集》第四卷，第19页，人民出版社，1972年。
3. 袁广阔、王涛：《试论早期陶器起源与形成的途径》，《洛阳考古》2017年第4期。
4. 朱乃诚：《中国陶器的起源》，《考古》2004年第6期。
5. 杜在忠：《试论龙山文化的“蛋壳陶”》，《考古》1982年第2期。

"国之大事，在祀与戎"，祭祀与征战都离不开金属的使用。"早期中国"自掌握青铜铸造技术后，青铜因其美观、坚固、易塑等特点很快成为制作礼器的主要材料。周代确立了礼乐制度后，青铜礼器更是在国家礼仪典礼上扮演着核心角色，鼎、簋、尊、钟等青铜器与国家权力或道德规范相挂钩，共同约束着国家的运行和人的行为。以鼎为例，自距今7500年前的裴李岗文化出现最早的陶鼎后，鼎长期作为主要烹食容器出现。青铜鼎的出现为鼎赋予了更深的内涵，"由陶制变为青铜材质，鼎的社会用途和神圣地位在人们心目中变得明朗起来"[1]。因青铜金属不易获取、鼎的造型日益神圣，青铜鼎成为"国之重器"的代表,在中华文化中具有举足轻重的地位。尽管出现时间较玉器、陶器更晚，但青铜器与礼制的结合无疑将"早期中国"推向了全新的文化高峰。

中华文明不同于西方文明，"藏礼于器"是其主要特征之一，对于中华文明起源的讨论和"早期中国"的重构离不开对礼器的全方面解读。作为中华文明特产的礼器贯穿于本次展览之中，第一单元依托多件不同材质、不同年代、不同文化族属的礼器向观众阐释着早期中国的"本土性"特质。如夏鼐所言，"中国虽然并不是完全同外界隔离,但是中国文明还是在中国土地上土生土长的"[2]。中国地理环境较为独立,保证了"早期中国"的"本土性"，又没有完全阻断中国内部各板块及中国与外界的交流通道。"早期中国"在其物产如陶器、玉器、青铜器之中表现出了极强的文化印记，从纹饰到器型均独树一帜。华夏先民开创性地将形而上的"礼"融入物质之中,形成了"早期中国"藏礼于器的文化特点。这种特点也贯穿中国历史的始终，昭示了中华文化的"本土性"，为具有中国特色的文化系统的形成奠定了坚实的基础。

二、多元一体——"早期中国"文化的多样性

"中国各地自然地理条件复杂多变的情况，应是造成史前文化千姿百态、谱系繁复

1. 张常勇、程相占：《商周"鼎"观念的二元结构》，《西北民族研究》2008年第2期。
2. 夏鼐：《中国文明的起源》，第100页，中华书局，2009年。

的一个重要原因”[1]。中国大地差异万千的地理结构塑造了“早期中国”文化的多样性，而作为一个相对独立的地理单元，中华大地上多样的文化彼此间交流互鉴，最终形成了中华文化多元一体的文化特质。

距今 7000 ~ 4000 年之间，中国大地上出现了多个璀璨繁荣、独具特色的区域文化系统。1979 年夏鼐《碳 – 14 测定年代和中国史前考古学》一文首先将中国新石器文化划分为七大区域；苏秉琦则首先将中国史前诸多区域文化系统彼此独立、相互影响的情况称之为“满天星斗”，就此确立了中国考古学的“区系类型理论”，至今仍对我国考古领域研究影响深远。苏秉琦提出我国数以千计的新石器遗址可以大致分为六个板块：以仰韶文化为代表的中原文化，也就是传统意义上的黄河文化中心；以泰山地区大汶口文化为代表的东方，其突出特点是不同于仰韶文化红陶的黑陶文化；湖北及其相邻地区，其代表是巴蜀文化和楚文化；长江中下游地区，最具代表性的是浙江余姚的河姆渡文化；鄱阳湖—珠江三角洲为中轴的南方；从陇东到河套再到辽西的长城以北地区，最具代表性的是内蒙古赤峰的红山文化和甘肃的大地湾文化[2]。该理论后经安志敏、严文明等学者的补充发展，日趋完善。

中国新石器时代“满天星斗”格局体现在文物上的特征尤为明显，不同区域、不同文化类型的手工制品不尽相同，反映出多元的文化取向。在展示形式上，本次展览力求突破既往展览常用的“展品 + 文字说明”的单薄叙述方式，力求以展品为主、图文为辅，从而更形象生动，也更发人深省地阐释中华文化多元一体的特征，勾勒中华文明从多元到一体的历史过程。

“早期中国”的“多元”起源塑造了区域间不同的文化产物，本次展览选取其中最具代表性的作为展品（表 1），贯穿于展线便是“满天星斗”最好的诠释。不同展品带来的立体、具象、直观的文化差异较“干瘪平面”的文字更容易为观众接受。本节在展线上集中展示各文化板块的代表性文物，使得中华文化的“多元”特征不言而喻。如河姆

---

1. 严文明：《中国史前文化的统一性与多样性》，《文物》1987 年第 3 期。
2. 苏秉琦：《中国文明起源新探》，第 31 页，生活·读书·新知三联书店，2019 年。

表 1　早期中国代表文物

	文化类型	距今年代	文物图片
石磨盘、石磨棒	裴李岗文化	8200 ~ 7500 年	
带藤条骨耜	河姆渡文化	7000 ~ 6000 年	
人头形器口彩陶瓶	仰韶文化 庙底沟类型	7000 ~ 5000 年	
玉龙	红山文化	6500 ~ 4800 年	
玉琮	良渚文化	5300 ~ 4300 年	
蛋壳黑陶套形杯	山东龙山文化	4600 ~ 4000 年	
铜神树枝头立鸟	三星堆文化	4500 ~ 3000 年	

渡文化的农业骨耜、仰韶文化庙底沟期及龙山文化都以高超的制陶工艺闻名，彩绘红陶、蛋壳黑陶各具代表性；红山文化的玉龙、良渚文化的玉琮（图3）都是最能体现文化多元性的展品。

图3　玉琮
新石器时代良渚文化
浙江省博物馆藏

由于中国本土强大的“向心力”传播，“早期中国”至新石器时代晚期“已形成一种重瓣花朵式的向心结构”[1]。商周时期各区域文化系统彼此独立、相互影响的“满天星斗”格局被逐渐打破，居于中部的黄河流域文化因其强大的地理、交通优势而异军突起，“满天星斗”正式走向以中原地区为核心、以黄河流域和长江流域为主体的格局。随着地域间日益频繁的往来，交流互鉴、求同存异成为历史的必然选择。如发祥自新石器时代长江下游良渚文化的“琮”形器即成为普遍影响各新石器文化类型的器物。从出土情况可知，“琮”的传播几乎遍布中华文明核心地区，不只长江流域曾出土有大量新石器时代玉琮，北至甘肃齐家文化，南至广东石峡遗址都见其身影。玉琮的传播可谓是一部“可视化”的新石器时代文化交流史。

除了各地区间漫长、自发的交流互鉴，秦汉之际政令上的推及也为中华文化走向一体奠定了基础。秦始皇统一中国后，采取了一系列适应社会形势急剧变化与发展需要的政策和措施，其中便包括在全国范围内统一度量衡单位。量器本起源自黄钟之龠，最早的量作为测算粮食的容器出现，所谓“量者，龠、合、升、斗、斛也。所以量多少也”[2]。

1. 严文明：《中国史前文化的统一性与多样性》，《文物》1987年第3期。
2.（东汉）班固：《汉书》，第967页，中华书局，1962年。

图 4　商鞅方升
战国
上海博物馆藏

量器在国家经济、文化领域具有“标杆”作用。中华文化多元起源在量器上的体现便是各地区容积的差异，秦汉之前各地铜量都以当地粮食作物为准，因农业生产模式不同，产出的谷物类型各异，铜量的容积也存在差异。以秦始皇“统一度量衡”为例，本节中就有一件体现秦汉之际中国文化趋于一统的商鞅方升（图 4）。商鞅方升见证了战国至秦汉时期，秦国官方两次对度量衡单位进行统一的历史事件。秦孝公时期，秦国因著名的“商鞅变法”而在全国范围内统一了度量衡单位，商鞅方升左壁便有记载此事的铭文：

> 十八年，齐（率）卿大夫众来聘，冬十二月乙酉，大良造鞅，爰积十六尊（寸）五分尊（寸）壹为升。

方升底部则加刻有秦始皇统一中国后在全国对于推广秦国度量衡单位的诏书，代表着秦灭六国后对于量制的统一。它不仅是商鞅变法仅见的物质实证，也是秦代法令及度量衡的标准参照，更记述了中华文化多元一体的发展脉络。秦始皇统一度量衡制是中国古代历史上的一个重要事件，其颁布的一系列其他改革措施为“早期中国”的最终形成提供了有力支持。

中华文化的多样性体现在了文物之上，或代表了漫长柔和的交融；或阐述了求同存异的借鉴；或记载了一蹴而就的统一。最终，形成了今天多元一体的中华文化基本特征。纵观“早期中国”的发展历史，多元一体格局的形成贯穿始终。所谓“多元”，各区域文化自“早期中国”之前便形成了其不同的起源、发展特点，文化的差异与多样为“早期中国”的发展注入了源源不断的活力。所谓“一体”，在中华文化滚滚向前的历史长河中，各区域文化交流互鉴、团结互信、平等互利，促进了政治及文化含义上“早期中国”的最终形成，并为今日中华民族共同体奠定了基础。

三、何以中国——“中国”一词的继承与发展

在近代民族国家兴起之前，“国家”的含义一直处于模糊且多变的状态。“中国”，现今指中华人民共和国，但在“早期中国”时期的“中国”一词经历了数次含义变迁，这些变迁亦可在展出的文物上寻觅踪迹。在文字出现前的“早期中国”阶段，应已有概念上的“中国”一词。夏商周之前或已有“共识的中国”，万邦中有一个不十分确定的中心[1]。“中国”作为完整的书面词语，最早出现在西周成王五年铸成的何尊铭文中（图5）。何尊内底122字铭文讲述了周成王五年兴建洛邑并且赏赐贵族“何”的历史事件，此时“中国”二字特指“居天下之中”的洛阳地区，只是一个地理概念。《诗经·大雅·民劳》有“民亦劳止，汔可小康。惠此中国，以绥四方”。可见周代的“中国”一词是与四方相参照的地理概念，亦时常指代京畿地区。“四方”与“中国”共同构成了周代的势力范围，即“普天之下，莫非王土”中的天下与王土，此即“理想的中国”[2]。

东周至秦汉时期，“中国”的文化概念逐渐扩大，成为控制中原地区政权及其认同者的自称，即逐渐包括了《诗经》中“中国”与“四方”的概念，与“王土”的范围逐渐重合。“中国”一词第二次出现在“何以中国”展览中，来自一单元的最后一件展品——“五星出东方利中国”锦护膊。这件汉代的五色锦护膊上再次出现了“中国”一词，这

1. 苏秉琦：《中国文明起源新探》，第146页，生活·读书·新知三联书店，2019年。
2. 苏秉琦：《中国文明起源新探》，第146页，生活·读书·新知三联书店，2019年。

图 5　何尊底部铭文“中国”二字

西周

宝鸡青铜器博物院藏

段文字典出《史记》：“五星分天之中，积于东方，中国利；积于西方，外国用者利 。”[1] 可知，至少在汉代“中国”一词已经可与“外国”相参照，拥有了指代中原政权的功能，秦汉一统后形成了“现实的中国”[2]。此外，这件护膊的出土地新疆维吾尔自治区民丰县尼雅遗址，在汉代曾属西域都护府，这也在一定程度上反映出此间“中国”一词的传播及其认同范围的扩张。

何尊居于展览第一单元中心柜位置，其点明展览主旨的作用不言而喻（图 6）；“五星出东方利中国”锦护膊作为收尾，一首一尾相呼应，希望可以让观众在观展过程中，用脚步与目光体察从商周至秦汉“中国”一词内涵的演进“三部曲”，感悟背后蕴含着的历史讯息。

自秦汉以后，历朝历代皆以“中国”一词的使用权视为法理正统性的佐证。随着一次又一次对“中国”的继承，其词义所包含的地理、族群、文化范围日益扩大，内涵也逐渐丰富。“中国”一词至迟于清代已作为官方自称而出现在正式文书中，《尼布楚条约》约定：“从黑龙江支流格尔必齐河到外兴安岭、直到海，岭南属于中国，岭北属于俄罗斯。”至此，“中国”已成为一个有清楚疆域界限、内部文化认同的实体政权

1.（西汉）司马迁：《史记》，第 1328 页，中华书局，1959 年。

2. 苏秉琦：《中国文明起源新探》，第 146 页，生活·读书·新知三联书店，2019 年。

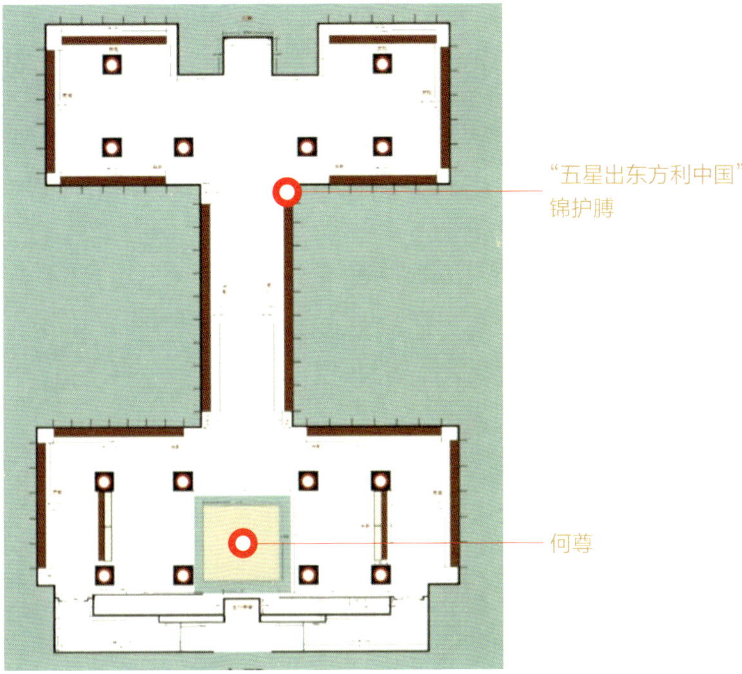

图 6　文华殿展厅平面图

的自名词。由西周至清代，“中国”一词的内涵整合经历了漫长的过程，最终才形成今天我们所熟知的“中国”。“中国”一词使用语境的继承、蕴含词义的丰富、认同范围的扩大背后伴随的是中华文化的形成、发展与传播。在“中国”内涵屡经变迁、不断丰富的背后，多元一体、连绵不绝、兼容并蓄的中华文化始终发挥着重要的作用。

本次展览的第一单元“源”希望借助文物，从明暗两条线索为观众深入浅出地阐释文化意义上的“早期中国”。每件构成展览第一单元“源”的文物都具有“共性”与“个性”双重特质，30 余组文物的“共性”体现在它们在共同回答着“何以中国”这个命题，它们一同服务于展览的主题，“早期中国”的文化特质得到了充分的体现。每件文物又因其独一无二而具有鲜明的“个性”，挖掘每件文物的个性不仅要描述其长高几许、重量几分，更应将更多的目光聚焦在文物的历史背景与文化传承上，才能让文物在当下讲好自己的故事，不仅讲好古代中国的故事，更讲好今日中国的故事。

参考文献

1.（西汉）司马迁 :《史记》，中华书局，1959 年。

2.（东汉）班固 :《汉书》，中华书局，1962 年。

3. 中国大百科全书总编辑委员会《考古学》编辑委员会 :《中国大百科全书·考古学》，中国大百科全书出版社，1986 年。

4. 张光直 :《中国考古学论文集》，生活·读书·新知三联书店，1999 年。

5. 李济 :《中国文明的开始》，江苏教育出版社，2005 年。

6. 张光直 :《古代中国考古学》，生活·读书·新知三联书店，2013 年。

7. 苏秉琦 :《中国文明起源新探》，生活·读书·新知三联书店，2019 年。

8. 韩建业 :《早期中国——中国文化圈的形成和发展》，上海古籍出版社，2020 年。

9. 安志敏 :《我国新石器时代的仰韶文化和龙山文化》，《历史教学》1960 年第 8 期。

10. 苏秉琦 :《关于仰韶文化的若干问题》，《考古学报》1965 年第 1 期。

11. 马承源 :《商鞅方升和战国量制》，《文物》1972 年第 6 期。

12. 马承源 :《何尊铭文初释》，《文物》1976 年第 1 期。

13. 严文明 :《甘肃彩陶的源流》，《文物》1978 年第 10 期。

14. 夏鼐 :《三十年来的中国考古学》，《考古》1979 年第 5 期。

15. 李学勤 :《何尊新释》，《中原文物》1981 年第 1 期。

16. 苏秉琦、殷玮璋 :《关于考古学文化的区系类型问题》，《文物》1981 年第 5 期。

17. 杜在忠 :《试论龙山文化的“蛋壳陶”》，《考古》1982 年第 2 期。

18. 孙守道、郭大顺 :《论辽河流域的原始文明与龙的起源》，《文物》1984 年第 6 期。

19. 夏鼐 :《中国文明的起源》，《文物》1985 年第 8 期。

20. 安志敏 :《试论文明的起源》，《考古》1987 年第 5 期。

21. 严文明 :《中国史前文化的统一性与多样性》，《文物》1987 年第 3 期。

22. 李伯谦 :《中国青铜文化的发展阶段与分区系统》，《华夏考古》1990 年第 2 期。

23. 苏秉琦 :《关于重建中国史前史的思考》，《考古》1991 年第 12 期。

24. 李伯谦 :《中国文明的起源与形成》，《华夏考古》1995 年第 4 期。

25. 安志敏 :《中国文明起源始于二里头文化——兼议多源说》，《寻根》1995 年第 6 期。

26. 严文明 :《良渚文化 : 中国文明的一个重要源头》，《寻根》1995 年第 6 期。

27. 严文明 :《中国文明起源的探索》,《中原文物》1996 年第 1 期。
28. 张忠培 :《中国古代文明之形成论纲》,《考古与文物》1997 年第 1 期。
29. 张得水 :《史前玉礼器的起源与发展》,《东南文化》2000 年第 11 期。
30. 石兴邦 :《中国新石器时代考古文化体系研究的理论与实践》,《考古与文物》2002 年第 1 期。
31. 张光直 :《论“中国文明的起源”》,《文物》2004 年第 1 期。
32. 朱乃诚 :《中国陶器的起源》,《考古》2004 年第 6 期。
33. 韩建业 :《论早期中国文化周期性的“分”“合”现象》,《史林》2005 年增刊。
34. 朱乃诚 :《夏鼐与中国文明起源研究》,《考古学集刊(16)》,科学出版社,2006 年。
35. 杨建芳 :《从玉器考察南中国史前文化传播和影响》,《东南文化》2008 年第 4 期。
36. 张常勇、程相占 :《商周“鼎”观念的二元结构》,《西北民族研究》2008 年第 2 期。
37. 李伯谦 :《中国古代文明演进的两种模式——红山、良渚、仰韶大墓随葬玉器观察随想》,《文物》2009 年第 3 期。
38. 程有为 :《夏商时期中原王朝的向外扩张和中原文化圈的拓展》,《郑州大学学报(哲学社会科学版)》2010 年第 1 期。
39. 李伯谦 :《略论陶寺遗址在中国古代文明演进中的地位》,《华夏考古》2015 年第 4 期。
40. 吴玉军 :《论国家认同的基本内涵》,《中国特色社会主义究》2015 年第 1 期。
41. 朱乃诚 :《仰韶文化庙底沟类型彩陶鸟纹研究》,《南方文物》2016 年第 4 期。
42. 严文明 :《农业起源与中华文明》,《中国乡村发现》2016 年第 5 期。
43. 袁广阔、王涛 :《试论早期陶器起源与形成的途径》,《洛阳考古》2017 年第 4 期。
44. 周平 :《民族国家认同构建的逻辑》,《政治学研究》2017 年第 2 期。
45. 邹诗鹏 :《文明的自识与自信——“中国文明西来说”及其评论》,《中国社会科学评价》2018 年第 1 期。
46. 戴勇 :《中国史前拟形陶器的艺术特征》,《中国美术研究》2019 年第 1 期。
47. 孙庆伟 :《“最早的中国”新解》,《中原文物》2019 年第 5 期。
48. 张国硕 :《也谈“最早的中国”》,《中原文物》2019 年第 5 期。
49. 徐琳 :《中国古代玉料来源的多元一体化进程》,《故宫博物院院刊》2020 年第 2 期。
50. 李新伟 :《仰韶文化庙底沟类型彩陶的鱼鸟组合图像》,《考古》2021 年第 8 期。

“掐丝珐琅”“大食窑”与“拂郎嵌”再辨

施　磊

故宫博物院器物部

图 1　掐丝珐琅缠枝莲纹球式香熏
元代
故宫博物院藏

故宫博物院藏传世掐丝珐琅球式香熏共三件（均无款），其中一件品相及装饰特点与其余两件清代制品区别显著，制作年代向存争议（图 1）。以往学者推断的依据，主要从纹饰、釉质、釉色、掐丝工艺及其内部的悬心炉构造同元、明、清三代标准器物的直观比较获得。这种方法被国内外学界普遍接纳。

20 世纪中期以来，国内学者发表了多篇具有影响力的学术论文。如夏更起先生的《对故宫博物院藏部分掐丝珐琅器时代问题的探讨》，从部件、图案等细微处发现了器物断代的一些证据。西方学者比阿特丽斯·奎特（Beatrice Quette）在《中国掐丝珐琅的肇兴》（*The Emergence of Cloisonné Enamels in China*）中，根据釉色、胎质以及掐丝的厚度，断定一件饰有亚历山大大帝登基图的掐丝珐琅圆盘制作于 12 世纪的拜占庭，与中国元代的早期制品年代接近。而在另一篇题为《元至清代掐丝珐琅的造型与装饰》的文章中，奎特试图从元、明、清代的陶瓷、漆器上寻找同时代器型与装饰风格的共性，为掐丝珐琅器的年代推断提供依据。

近年来，通过反复比较研究，此件具有争议性的掐丝珐琅球式香熏被故宫学者认定为元代精品[1]，在艺术和技术方面均有一定代表性，经“何以中国”特展展出后，再次引发学界对中国珐琅工艺起源、发展等问题的关注。

一、“掐丝珐琅”的释义、起源与发展简述

金属胎掐丝珐琅（cloisonné，多为铜胎，亦有金、银胎者），是一种在金属器物表面焊接由金属扁丝弯折、连接而成的图案轮廓（cloisons），并在金属丝之间填充玻璃质釉料[2]的工艺品，器物后经焙烧、打磨、鎏金、抛光等多道工序制作完成。掐丝珐琅工艺的最早实例，一说为距今3000多年前迈锡尼文化层出土的数枚戒指[3]；也有部分学者提出，掐丝珐琅起源于公元前15世纪的地中海沿岸地区[4]。

根据马可·阿莫尼（Marco Aimone）的研究成果，大约在公元前5世纪前后，珐琅技术伴随凯尔特民族活动范围的扩大，从欧洲中部向不列颠诸岛传播，当时流行在錾胎铜器上镶嵌模仿珊瑚的红色玻璃[5]。至罗马人征服高卢和不列颠群岛之后，地中海沿岸发达的玻璃工艺逐渐深入欧洲文化的腹地，对莱茵河谷和不列颠的金属工艺产生显

1. 杨勇：《元代与康熙掐丝珐琅球形香熏辨识略谈》，《收藏家》2006年第9期。

2. 早期制品镶嵌的材质为天然宝石和玻璃珠，并不经过高温焙烧。

3. [英] R. J. 福布斯等著，安忠义译：《西亚欧洲古代工艺技术研究》，中国人民大学出版社，2008年。The Editors of Encyclopaedia Britannica，“cloisonné”，31 May，2018，accessed 25 March，2022，https://www.britannica.com/art/cloisonne.

4. Marie-Madeleine Gauthier，“Emaux” in Encyclopedie Universalis，vol. 6 (Paris: Encyclopedie Universalis)，1985，pp.93-94.

5. Marco Aimone，*Byzantine and Sasanian silver*，*enamels and works or art*，London: Thames and Hudson，2020，p.20.

图 2　金胎掐丝珐琅嵌饰
拜占庭（可能为君士坦丁堡）制
10 世纪晚期～11 世纪
怀文收藏（The Wyvern Collection）

著影响，例如 2 ～ 3 世纪时驻扎在高卢的罗马军队的马具和服饰上，便出现了大量青铜与彩色玻璃相结合的珐琅制品[1]。盎格鲁 – 撒克逊文化早期（Early Anglo-Saxon，5 ～ 7 世纪中期）的墓葬中，也发现了不少罗马风格的珐琅制品，包括固定衣物用的金银别针、带扣等[2]。这些早期珐琅饰品多在金属丝焊连成的线条单元内镶嵌石榴石、孔雀石、绿松石等颜色丰富的天然宝石和各色玻璃类物质，装饰风格粗犷华丽。

8 ～ 14 世纪之间是欧洲和近东地区珐琅工艺的成熟阶段，形成了稳定的艺术风格。著名产地包括德国（莱茵河流域）、法国（巴黎、利摩日）、比利时（默兹河流域）、意大利（伦巴第）以及拜占庭（君士坦丁堡）。9 ～ 10 世纪的欧洲珐琅制品中有不少使用黄金、宝石等昂贵材料制作的产品，例如从加洛林王朝和奥托王朝时代的金工作坊遗址中出土的小型珐琅首饰。而在经历长达 6 个多世纪的发展之后，东部拜占庭帝国的金胎和铜胎（鎏金）掐丝珐琅工艺也在 11 至 13 世纪达到鼎盛，被广泛应用于宗教法器的制作，其辉煌成就举世闻名（图 2）。与此同时，欧洲掐丝珐琅的制作技艺也持续发展。德国科隆大教堂（Cologne Cathedral）的三圣王圣龛（Three Kings shrine）[3] 上使用的彩色掐丝珐琅嵌件产自莱茵河流域，精美程度不逊前者。关于

1.Marco Aimone, *Byzantine and Sasanian silver*, *enamels and works or art*, London: Thames and Hudson, 2020, p.20.
2. 大英博物馆藏有大批来自盎格鲁 - 撒克逊文化早期墓葬中出土的珐琅制品。
3. 相传此龛由著名的佛兰德斯珐琅工匠凡尔登的尼古拉斯（Nicholas of Verdun）制作，他是 12 至 13 世纪欧洲珐琅和金器名匠，也是当时工艺美术领域由晚期罗曼风格向哥特风格过渡时期的代表人物。尼古拉斯是一名巡游工匠，通常在订件来源地附近生活和工作。

掐丝珐琅制品、工艺何时经由何种渠道传入中国及其在中国的早期发展，史料文献中的记载却相当匮乏。

二、"大食窑"与"拂郎嵌"的出处、辨析及其在中国的传播与制作

国内探讨珐琅工艺本土起源的学术著作，无不引述明初曹昭所著《格古要论》[1]卷下中"古窑器论·大食窑"条所陈内容："以铜作身，用药[2]烧成五色花者，与拂郎嵌相似。尝见香炉、花瓶、合儿、盏子之类，但可妇人闺阁中用，非士夫文房清玩也，又谓之鬼国窑。"这段文字被认为是迄今最早关于"铜胎掐丝珐琅"，即"大食窑"器的来源、材料、形制和用途的确实记载。文中先后出现"大食窑""拂郎嵌"两种标注产地的器物[3]，它们都有可能是掐丝珐琅的同类制品。不过也有学者提出，元人吴莱的长诗《大食瓶》[4]也同珐琅器有关。康熙辛丑年王邦采、王绳曾叔侄为吴莱的《渊颖集》作序及注释时，在《大食瓶》一诗标题后引用《格古要论》中对"大食窑"的文字描述，说明至少在康熙时期，有人已将"大食瓶"视为铜器。不同观点则认为，元代吴诗所咏

1. 成书于明洪武二十一年（1388年）三月。

2.《格古要论》中，多次提到"药"。如"硝子"条曰："假水晶，用药烧成者，色暗青，有气眼，或有黄青色者，亦有白者，但不洁白明莹。"又"玻璃"："出南蕃有酒色、紫色、白色者，与水晶相似。器皿皆多碾雨点花儿者是真。其用药烧者，入手轻，有气眼，与琉璃相似。"可见"药"在焙烧玻璃等器物的过程中，是一种重要的助熔剂。

3.《格古要论》卷上"珍奇论"中收录"鬼功石"条，曰："尝有戒指嵌玛瑙一块，面上碾成十二支生肖，其纹细如发，似非人功，故谓之鬼功石，又曰鬼国石。"可见"鬼国"并非地名，而是对施加于玛瑙上鬼斧神工般高超雕刻技艺的赞美。

4. 此诗全文为："西南有大食，国自波斯传。兹人最解宝，厥土善陶埏。素瓶一二尺，金碧灿相鲜。晶荧龙宫献，错落鬼斧镌。粟纹起点缀，花毯蟠蜿蜒。定州让巧薄，邛邑斗清坚。脱指滑欲堕，凝瞳冷将穿。逖哉贾胡力，直致鲛鳄渊。常嗟古器物，颇为世所捐。襆衫易冠衮，盘盏改豆笾。礼图日以变，戎索岂其然。在时苟适用，重译悉来前。大寰幸混一，四海际幅员。县度缚绳絙，娑夷航革船。凿空发使节，随俗混民编。汉玉堆椟笥，蕃罗塞鞍鞯。城池信不隔，服食奈渠迁。轮囷即上据，鼎釜畴能肩。插葩夺艳冶，盛酪添馨膻。当筵特见异，博识无庸诠。藏之或论价，褁此犹吾毡。珊瑚尚可击，碛路徒飞烟。彼还彼互市，我且我杯圈。角端独不出，记取征西年。"

大食瓶“系十四世纪的蓝釉金色荧光彩绘或描金的陶瓷器”[1]，甚至指出诗中描写的对象是指“中世纪伊斯兰世界伊朗塞尔柱克王朝以及伊儿汗国生产的拉斯特彩陶器”（Luster Fritware）[2]。持后一种观点的学者，将诗文中描述的器物特征与“拉斯特彩陶”逐一对比，认为诗中所云“素瓶一二尺，金碧灿相鲜”体现了彩色釉与金属虹彩釉的结合[3]；“粟纹起点缀，花毬蟠蜿蜒”则反映了伊斯兰陶器上特有的点状地纹和缠枝花卉。如此说来，“大食瓶”同《格古要论》所述“以铜作身”的大食窑器，显然是两种不同的器物。不过，此类观点亦有无法自圆之处。比如拉斯特彩陶瓶多以金属氧化物平涂纹饰，图案立体者罕见（多见于彩绘砖），所谓“镌”刻装饰从何而来？况且元初流行于尼沙普尔、伊斯法罕和大马士革等地的拉斯特彩陶无论厚度还是硬度，均无法与宋代定、邛瓷器比肩。又诗中“脱指滑欲堕，凝瞳冷将穿”两句，形容此瓶质地光滑通透，也不似对陶器的描述。总之，尚不能排除吴诗所描写“大食瓶”是其他器物[4]的可能。吴诗中还写道此瓶“插葩夺艳冶，盛酩添馨膻”，说明它既可以用作花器，也可以用作酒器，造型或许不止一种。

至明中期王佐撰著《新增格古要论》[5]时，对“大食窑”条目的内容进行了增补，曰“后增”：“以铜作身，用药烧成五色花，与佛郎嵌相似。尝见香炉、花瓶、合儿、盏子之类，但可妇人闺阁之中用，非士夫文房清玩，世又谓之鬼国窑。今云南人在京多作酒盏，俗曰鬼国嵌。内府作者细润可爱。”这段文字的重要价值，在于增补的“今云南人在京多作酒盏”一句，说明明代此类铜器的制作者来自云南。一些学者据此提出，元代珐琅器也可能由元代迁居云南一带的阿拉伯工匠制作[6]，而且根据史料记载，元代曾有多批信奉伊斯兰教的士兵、匠人入滇[7]。然而，元代云南工匠的身份籍贯并不可考。据

1. 张临生：《说大食瓶》，《故宫文物月刊》1984 年第 5 期。

2. 马文宽：《宋、元〈大食瓶〉新解》，《考古》2013 年第 12 期。

3. 朱峻熹、邹晓松：《7 至 14 世纪伊斯兰世界陶器发展研究》，《陶瓷研究》2019 第 6 期；马文宽：《宋、元〈大食瓶〉新解》，《考古》2013 年第 12 期。

4. 据以往学者考证，“大食瓶”也有可能是描饰金彩及各种颜色的玻璃器。

5. 王佐据曹氏原书考校增补，成书于明景泰七年（1456 年）七月。

6. Beatrice Quette, *Cloisonne: Chinese Enamels from the Yuan, Ming and Qing Dynasties*, New York: Bard Graduate Center, 2010, p.8.

7. 杨兆钧：《云南回族史》，第 27 页，云南民族出版社，1994 年。

《马可波罗行纪》记载:“……行此五日毕,抵一主城,是为国都,名称押赤[1]。城大而名贵,商工甚众。人有数种,有回教徒、偶像教徒[2]及若干聂思脱里派之基督教徒。”[3]可见元代云南生活着信奉不同宗教的工匠和商人,其具体身份、来历难以考证。

后代提及“大食窑”“拂郎嵌”等名目的文献大多抄录曹、王观点,但“拂郎”“佛郎”常有混淆[4],内容增补、阐发少见。据杨伯达先生考证,清代梁同书《古铜瓷器考》称“拂郎嵌即今发兰也”,但后文中没有解释何为“发兰”,或为“珐琅”别称也未可知。清代程哲《窑器说》云:“大食国器,以铜骨为身,起线填五彩药料烧成,俗谓珐琅是也。宋官窑色鲜菁可爱,明官窑亦佳,又谓之鬼国窑。”这段文字不仅将“大食国器”与“珐琅”关联——只字未提“拂郎嵌”或“佛郎嵌”,还提及宋、明两代官造珐琅器物釉色之鲜艳。此番称谓和时代的变化,是否意味着清人发现了元代之前制造的珐琅器还难下定论,但其中包含的信息值得关注。除了重复交代珐琅器以铜制胎、填药烧成五彩纹饰的特征之外,这段文字还提到了一个重要的工艺细节——“起线”。“大食国器”对应的器物类型,因此被锁定在铜胎掐丝珐琅和铜錾胎珐琅两者之上。

有唐以来,关于“大食”国的史料记载可谓丰富。唐代著名政治家杜佑所纂《通典》卷一九三“边防九”曰:“大食,大唐永徽中,遣使朝贡,云其国在波斯之西……遂灭波斯,又破拂菻及婆罗门城,所当无敌。兵众有四十二万。”可见大食国在唐初是位于波斯(古代伊朗)以西的国家,“拂菻”也应距大食不远。此书编成于唐贞元十七年(801年),取材博综古今,食货、职官、边防各典尤为精到,所言极为可信。文中提到的“大唐永徽中”,是指公元650 ~ 655年之间,即“永徽之治”时期,《旧唐书》则将大食国遣使通唐的时间具体为永徽二年(651年),史学界亦认定这一年为伊斯兰教入华的开端。《通典》中还提到,大食“有国以来三十四年矣。初王已死,次传第一摩首者,

1.Jacin,也称“鸭赤”,即指元代中庆城,今昆明市所在。

2.或为伊斯兰教的变体之一,契丹人多信仰此教。

3.[法]沙海昂注,冯承钧译:《马可波罗行纪》,第259页,商务印书馆,2012年。

4.过去有部分研究将“拂菻”与“佛朗”“拂郎”“富浪”甚至“拂懔”等名称混为一谈,对掐丝珐琅起源的考证造成了困难。

今王即是第三，其王姓大食。其国男夫鼻大而长，瘦黑多须鬓，似婆罗门，女人端丽。亦有文字，与波斯不同”。由此推测，“今王”即指“正统哈里发时期”的第三任哈里发奥斯曼（Osman，574 ~ 656 年），此时大食国的版图已将波斯、叙利亚、埃及及其周边的一些地区悉数纳入。

北宋年间，宋祁、欧阳修等合撰的《新唐书》对上述文字稍做增删，其“西域传下·大食”一节云:“大食，本波斯地。男子鼻高，黑而髯。女子白皙，出辄鄣面。日五拜天神。”再次证明大食国建立之初即为信奉伊斯兰教的国家。651 年，萨珊波斯为阿拉伯人所灭，结合上文对大食国位置、种族特征和宗教习俗的描述，可以断定唐宋时期的大食国就是阿拉伯人建立并由伊斯兰教统合的王朝国家（632 ~ 1258 年）[1]。元朝时，原大食国分布在波斯湾北方和南方的广大疆域，被以波斯为中心的伊尔汗国（1256 ~ 1335 年）[2]和占据阿拉伯半岛西岸的玛穆鲁克王朝（1250 ~ 1517 年）等政权统治，伊斯兰文化、艺术在这里持续发展，并通过贸易、外交等渠道向外传播。到了明代，这些地区的政治情况更为复杂，因而本朝文献中提到的“大食窑”，应当是对当时伊斯兰文化覆盖区域内流行的一种代表性铜器的统称，其来源地是比较模糊的。

我国学者自 20 世纪中期开始，已就《格古要论》“大食窑”条中涉及的名物、技艺展开研究，并取得“大食窑”与“景泰兰”（铜胎掐丝珐琅）存在关联的基本共识。朱家溍先生 20 世纪 60 年代发表的《铜掐丝珐琅和铜胎画珐琅》，肯定了“大食窑”即“铜掐丝珐琅”的假设。祝重寿先生《关于中国铜胎掐丝珐琅（景泰蓝）的起源问题》，更是从题目上体现了他对这一观点的认同。20 世纪 70 年代末，杨伯达先生经详细考证后提出“‘大食窑’是掐丝珐琅”“‘拂郎嵌’是錾胎珐琅”以及“景泰兰是接受了‘大食窑’的影响而发展成长”的新观点。不过直到目前为止，还没有证据可以充分证实“大食窑”与掐丝珐琅之间的对应关系，或者说，能够进一步阐释掐丝珐琅在中国的起源和发展问题。

从目前伊斯兰文明地区出土的 13、14 世纪文物——包括伊尔汗国和玛穆鲁克王

1. 先后经历了四大哈里发时期、倭马亚王朝和阿拔斯王朝，大食国的版图也进一步扩张。

2. 成吉思汗第四子拖雷之子孛儿只斤·旭烈兀（1217 ~ 1265 年）建立的政权，为蒙古四大汗国之一，曾与罗马教廷、欧洲基督教国家友好往来并与拜占庭修好。

国的出土物——的整体情况看，珐琅器比较罕见，叙利亚大马士革生产的铜错银器才是当时这些地区铜器的主流。原因之一，是这一时期的珐琅工艺主要用于制作安置在祭坛上的基督教法器（十字架、圣书函、圣遗物箱等）、圣龛以及随身携带的小型圣像，与之一同发展起来的还包括基督教建筑上的彩绘玻璃窗和马赛克镶嵌画，三者题材、功能一致，色彩、形式也有较高的相似度。因此，假设《格古要论》中描述的"大食窑"确实为珐琅器，那么它们应当不是由信奉伊斯兰教的大食国工匠制作，而是通过擅长海上贸易的西亚商人，即文献中提到的"大食"商人传入中国。"大食窑"很可能是古人对于掐丝或錾胎珐琅制品来源的一种误解[1]。过去有些学者提出，元代掐丝珐琅制品来自拜占庭并由西亚商人传入中国的观点，目前看来是比较合理的。至于最早向中国传授掐丝珐琅技艺的工匠，肯定不是阿拉伯人，而很有可能来自基督教国家。

至于曹氏文中的"拂郎"位于何方，"拂郎嵌"为何物，自古至今说法不一。晚于《新增格古要论》刊印的明代文献，在介绍"大食窑"时常常引述其中文字，反复提及"大食窑"与"拂郎嵌"的相似性。例如明末学者方以智所撰《物理小识》卷八曰："大食窑则药烧五色者也"，《通雅》卷三十三又曰："大食窑则以铜作身，用药烧成五色，与拂郎嵌相似。今发蓝或曰佛菻能为之。"上述文字不仅反复提到"拂郎嵌"，还提到"发蓝""佛菻"，可见明末"拂郎"与"发蓝""佛菻"之称并不混用。同样佐证这一观点的，还有明洪武三年（1370年）成书的《明集礼》卷三十一"蕃使朝贡"篇，其中同时提到了"拂菻"和"拂郎"："自（宋）太祖以来……大食……拂菻……等国皆贡方物……（元）世祖以后……拂郎等国亦皆遣使贡献。"联系上下文中先后提到的诸多蕃国，或许可以推测"拂菻""拂郎"所指不同，或者至少在宋元时期，"拂菻""拂郎"并不混用。《新唐书》曰："拂菻，古大秦也，居西海上，一曰海西国。去京师四万里，在苫西，北直突厥可萨部，西濒海，有迟散城，东南接波斯。地方万里，城四百，胜兵百万。"根据后文对其地理位置的描述，可知宋时"拂菻"应指东罗马（拜占庭）帝国，甚至有学

1. 大英博物馆、开罗博物馆和大都会博物馆等藏有法蒂玛王朝（Fatimid Dynasty，909 ~ 1171年）时代或与该时代特征类似的珐琅饰品，为伊斯兰风格珐琅器的罕见实例。

者考证“弗林 / 拂菻”“泛指整个通行基督教公教的欧洲地区,也可指叙利亚等地”[1]。有关这一问题的专论颇多，本文不再赘述。

元代关于“拂郎”的文献记载，基本围绕拂郎国进献天马一事。据《元史 · 顺帝本纪》载 :“(至正二年) 秋七月……己亥……是月，拂朗国贡异马，长一丈一尺三寸，高六尺四寸，身纯黑，后二蹄皆白。”[2] 此后，记述和描绘“拂郎国献天马”的诗赋、画作一时颇盛，亦可辅证此段历史的真实。元人周伯琦《天马行》诗云 :“飞龙在天今十祀，重译来庭无远迩。川珍岳贡皆贞符，神驹跃出西洼水。拂郎蕞尔不敢留，使行四载数万里。乘舆清暑滦河宫，宰臣奏进阊阖里。”该诗序曰 :“至正二年，岁壬午，七月十有八日,西域佛郎国遣使献马一匹……”顺帝临观称叹,仍敕翰林学士承旨臣巎巎,命工画者图之,而直学士臣揭傒斯赞之。揭傒斯《揭文安集》卷一四《天马赞》曰:“臣拂郎国,邈限西溟。蒙化效贡,愿归圣明。”元末明初时,张昱《天马歌》诗中亦提到“天历间”有“天马来自苐郎国”,此“苐郎”与“拂郎”字形、发音均近似,“苐”应是“拂”字之通假[3]。

由此可见，元朝天马的来历，可能是揭开元人口中“拂郎”国具体所在和明初曹氏所指“拂郎嵌”内容之谜的关键。根据以往宗教史学者对《奉使东方录》(*Cathay and the Way Thither*) 记载内容的多方考证，基本可以确定“天马进献者为教皇使者马黎诺里”[4]。至元四年 (1338 年)，顺帝曾派遣使团赴法国西南部的阿维尼翁——1305 年至 1378 年之间为罗马教廷所在地——觐见教皇本笃十二世 (Benedict Ⅻ),之后教皇也派遣教士出使元廷 [以马黎诺里 (Giovanni dei Marignolli) 为首的数十人，1338 年出发，于至正二年 (1342 年) 前后抵达北京]，“并呈献一匹法兰西名驹给元

---

1. 唐晓峰 :《元代基督教研究》，第 95 页，社会科学文献出版社，2015 年。
2. (明) 宋濂等 :《元史》，中华书局，1976 年。
3.《丁鹤年诗集》卷二亦收录《题苐郎天马图》，亦证明“苐”确为“拂”字的通假。
4. 王颋 :《“天马”诗文与马黎诺里出使元廷》,《中外关系史论丛 (第八辑)》，第 308 页，香港社会科学出版社，2001 年。

顺帝”[1]。此外，许多学者也在论著中提到，马黎诺里的东方行程始于阿维尼翁，如此推测的话，这匹良马的产地应是欧洲，甚至有可能就是法国（法兰西），结合该国名称“Franciae”的发音，可以说“拂郎”为法国的可能性极大。还有一种推测，即“拂郎”是指欧洲12、13世纪掐丝珐琅工艺发达的佛兰德斯地区（Flanders），弗莱芒语称之为Vlaanders，与“拂郎”读音亦近。周伯琦在《近光集》和《天马行应制作有序》中都提到:“驭者其国人，黄须碧眼，窄衣。言语不可通，以意谕之。凡七渡海洋，始达中国。”[2]进一步证实，驭马者为黄须碧眼的欧洲人，其相貌、服饰与大食人、波斯人明显不同,因此天马来自欧洲的可能性更加显著。过去一些学者提出“拂朗”“佛菻”“拂菻”皆指东罗马帝国（拜占庭）的观点，应是不正确的。

综合上述古代文献中的相关叙述，假设“拂朗”是元朝（1271 ~ 1368年）对法兰西或佛兰德斯的中文翻译[3]，那么“拂朗嵌”极有可能是由欧洲进口、采用镶嵌工艺并经高温烧制后形成多彩装饰的一类器物。一些文献中提到，马黎诺里除了向元朝贡献天马，还进献了许多来自教皇国的方物，其中是否包括珐琅制品，目前无从得知。但《四库全书》收录元王祎《王忠文公集》卷九之《代法郎国进天马表》[4],其中将“拂郎”写作“法郎”，与“珐琅”音、形皆类。再根据这一时期欧洲地区出土或传世的工艺制品特征推断，“拂郎嵌”应为综合运用錾胎、掐丝甚至早期画珐琅等多种工艺的欧洲铜胎珐琅器，其颜色丰富，造型小巧精致，传入中国的时间甚至可能比前人推测的更早。但不论“大食窑”还是“拂郎嵌”，皆在传入中国后又经历了数百年的本土化过程，从造型、装饰到功能、含义无不受到中国传统文化和美学浸染，逐渐演变为清代文献中的“珐琅”器。

---

1. 罗渔：《亚威农教宗与孟高维诺》，《纪念孟高维诺总主教来华七百周年国际学术会议文集》，第147页，台北思高圣经学会出版社，1995年。
2.（清）魏源撰：《魏源全集》第八册《元史新编》，第511页，岳麓书社，2004年。
3. 比阿特丽斯·奎特在文中直接将“拂郎”译为“Frankish”。
4. 张星烺：《中西交通史料汇编》第一册，第264页，中华书局，1977年。

三、新发现与若干悬而未决的问题

比阿特丽斯·奎特在《中国掐丝珐琅的肇兴》中提出，元代珐琅器使用了一种黄色和深绿色相互混合的新釉色[1]，可以作为其时代特征之一[2]（图3、图4）。尽管哈利·迦纳爵士（Sir Harry Garner）在其著作《中日掐丝珐琅》中提出，这种混色釉（mixed colours）的使用时间大约在15世纪下半叶（晚于明宣德时期），属于中国珐琅釉彩技术成熟期的一个标志，但奎特对比各地馆藏（包括巴黎装饰艺术博物馆、纽约大都会博物馆和故宫博物院）器物，认为这种釉料的使用不晚于元代。此外，奎特还辨认出一种元代珐琅釉的新工艺，即"叠色釉"（superimposed colours），其做法是在白色或浅色釉上覆盖透明度高的深色釉[3]，例如在白釉上面覆盖透明的紫色，从而获得浅紫色；一些浅绿色也是通过这种方式获得。实际上，拜占庭工匠最晚在10世纪就已经熟练掌握

图3　掐丝珐琅缠枝莲纹双耳乳足熏炉
元代
故宫博物院藏

图4　掐丝珐琅缠枝莲纹鼎式炉
元代
故宫博物院藏

1. 笔者观察到，这两种颜色的搭配比例不固定，有时以黄色为底，夹杂深绿色；有时则以深绿色为底色，掺杂少许黄色。

2. Beatrice Quette, *Cloisonne: Chinese Enamels from the Yuan, Ming and Qing Dynasties*, New York: Bard Graduate Center, 2010, p.9.

3. 南欧和拜占庭地区的珐琅制品对透明釉的使用较多。

图 5　金錾胎掐丝珐琅圣像吊坠（局部）
拜占庭（君士坦丁堡）制
11 世纪
怀文收藏

了混色釉的技法（往往多于三种颜色相互混合），而叠色在 12 世纪甚至更早期的欧洲珐琅器上也不罕见，这同欧洲和近东地区传统玻璃工艺的发达很有关系。深、浅釉色经过混合、叠加之后，不仅可以获得新的釉色，还使颜色之间的过渡更加自然，接近绘画的色彩感。本文关注的这件故宫博物院藏元代掐丝珐琅球式香熏，以上特征均有显著体现，但目前仍然不能以此作为这件器物的断代依据，原因在于许多明代早期的制品同样使用了混色釉和叠色釉。化学成分测定或许更有助于器物年代的精细划分。

通过反复比较，笔者另有发现。10 至 12 世纪的拜占庭和欧洲掐丝或錾胎珐琅器使用的釉彩（图 5），与故宫博物院认定的元代传世品使用的釉彩在品种、数量方面存在明显差异。两者共用的釉色包括白色、低纯度的朱红色、天蓝色、松石绿色、浅黄色、深蓝色和透明深翠绿色——这些都是中世纪珐琅器上最早使用的颜色，但前者还使用了中国早期珐琅器上从未出现过的灰蓝色（无绿色调）、米色（接近肉色）和赭石色釉（接近深红），此外，其宝蓝色的纯度亦颇高。与此同时，早期的中国珐琅器上几乎没有出现过纯净的草绿色，而是以黄色和深翠绿色的混合色代之。透明紫色也是一种新颖的颜色，且因为底部衬有白色而产生深浅不一的紫色调，与 11 至 12 世纪的拜占庭珐琅工匠所使用的浅紫罗兰色完全不同。至于姜黄色的半透明釉，则可以归于赭石色一类，只是黄色调更浓郁。如果像许多学者推测的那样，掐丝珐琅的制作材料和技艺均由西方输入中国，并且许多早期器物也由西域工匠制作，那么上述差异产生的原因，便只能被归结为订制者审美喜好的差异，或者制釉原料的变化。还有一种可能是传授这些技艺的外来珐琅工匠并没有掌握全部的技术，因而造成了部分工艺在入华时失传，比如浅绿色釉料的调配方法、如何减少釉面的砂眼等。另外值得一提的是，比起 12 至 14 世纪欧洲生产的珐琅制品，君士坦丁堡生产的同类制品与这批故宫博物院旧藏的早期珐琅器在色调上更为接近，比如两者都使用透明的翠绿色[1]，掐丝的粗细[2]和构图的饱满度也比较一致。

与此同时，关于工匠的身份问题也再一次被提出。从目前发现的实物遗存看，无论在当时的欧洲还是近东的拜占庭，珐琅——一般是掐丝、錾胎两种技法相互结合——主要用来制作小型的宗教法器，或者修饰大型圣龛、圣遗物箱的平面，很少用于制作普通陈设品或实用器。也即是说，这一工艺基本被信仰基督教的工匠所垄断和发展。但故宫博物院这批被认定为元代制作的传世珐琅器[3]均为炉、瓶一类的圆形器，通体采用掐丝工艺[4]，装饰图案满密，无论从掐丝的流畅度、施釉的饱满度还是抛光的细腻度看都堪称精美，绝非由不熟稔此类器物风格（尤其是造型、纹饰等）的珐琅匠人制作。那么这些工匠到底来自哪里？《新增格古要论》中提到，明中期“大食窑”器的制作者为在京的云南人，而据沈德符（1578 ~ 1642 年）在《万历野获编》中的说法：“唐之中世，大理国破成都，尽掳百工以去，由是云南漆织诸艺，甲于天下。唐末，复通中国。至南汉刘氏与通婚姻，始见滇物。元时下大理，选其工匠最高者入禁中。至我国初，收为郡县，滇工布满内府。今御用监，供用库诸役，皆其子孙也。”可知云南工匠供职于内廷的情况自元代已有，元代珐琅确有可能由入京的云南工匠制作，只是目前缺乏证据。此外，根据前文阐述的种种内容推测，元代珐琅的作者也有可能是经验丰富的拜占庭工匠。这个问题的解答，仍有待于文献史料的进一步发掘。

---

1. 西欧珐琅很少使用透明的绿色，意大利珐琅偶尔使用。

2. 欧洲珐琅基本为錾胎与掐丝两种工艺结合，而拜占庭珐琅器上的装饰图案可以完全采用掐丝工艺表现。

3. 目前，保留元代年款（“至正年造”）的掐丝珐琅器全球仅存一件，藏于芝加哥艺术学院（Art Institute of Chicago），后经鉴定为明代制品，落仿款。

4. 部分器物由来源不同的局部拼合而成。

古陶瓷在展览叙事中的应用
——以“何以中国”展为例

马　林

故宫博物院器物部

中国古代陶瓷作为土与火的艺术，不仅是中华民族创造伟力与审美智慧的结晶，而且是中华文明延绵不断的实物见证。从距今约两万年前江西万年仙人洞遗址出土的陶器[1]，使我国成为世界上最早制作和使用陶器的国家之一，到距今约三四千年夏、商之际原始瓷器的出现[2]，再到距今1800多年东汉时期浙江上虞地区出土的成熟瓷器，使我国毫无争议地成为瓷器的故乡。瓷器的发明不仅代表了中国古人对于自然界物质的创造性改变与利用，并以俗随日用，雅入高堂，成为后世人类生活不可或缺之器，为人类物质文明发展做出了巨大贡献，因而在某种程度上也成为中国在世界上的文化符号之一。是故在诸多历史类陈列展览中，无论是通史展、专题展或是综合性展览，几乎都绕不开古陶瓷的身影，所以如何在展览中体现其价值与意义，使之可以更好地服务于公众，突出展览主题，就成为当代中国博物馆历史类陈列展览应该思考的问题。

贝德诺在《博物馆展览：过去与未来》中提到：“一个故事可以将所有展品或所有可感受到的展览因素联结和联系起来，这比以一个简单的主题涵括全部展品要有力得

1. 吴小红、张弛、[美]保罗·格德伯格等:《江西仙人洞遗址两万年前陶器的年代研究》,《南方文物》2012年第3期。

2. 郑建明:《21世纪以来的原始瓷窑址考古新发现》,《文物天地》2018年第7期。

多。"[1] 张婉真在《当代博物馆展览的叙事转向》中也认为"叙事作为一种文化理解方式"，当代博物馆正"积极将'说故事'（the storytelling）的概念纳入其展示策略与活动规划之中"[2]。叙事学（narratology），或称叙述学，起源于20世纪前期的西方文学研究，是受结构主义影响而产生的"关于叙述、叙述文本，形象，事象，事件以及'讲述故事'的文化产品的理论"[3]。1990年前后，叙事理论开始应用于国际博物馆展览之中，2000年以后，国内学界也开始对博物馆的展览叙事展开讨论，并取得了一定的研究和实践成果，而今已逐渐成为当下博物馆展览的主流趋势。因此，本文即以"何以中国"展览为例，从古代先民、民族交流、文明互鉴、器以载道四个方面探讨古陶瓷在展览叙事中的应用，也就是如何利用古陶瓷讲好中国故事。

一、讲述古代先民的故事

"陶器的发明，是人类社会发展史上划时代的标志。这是人类最早通过化学变化将一种物质改变成另一种物质的创造性活动。也就是把制陶用的黏土，经水湿润后，塑造成一定的形状，干燥后，用火加热到一定的温度，使之烧结成为坚固的陶器。"[4] 即所谓"水火既济而土合"[5]，以水塑形，以火固器，通过改变黏土的性质以利于生活或生产使用，进一步"促进了人类定居生活得更加稳定，并加速了生产力的发展"[6]。本次"何以中国"展第一单元"源"的部分即选取了3件（套）陶器，分别讲述中国古代先民形象的故事、制陶技艺的故事与天文信仰的故事。

1.［美］简·贝德诺、爱德华·贝德诺著，宋向光译：《博物馆展览：过去与未来》，《中国博物馆通讯》2000年第5期。

2. 张婉真：《当代博物馆展览的叙事转向》，第98页，台北艺术大学，2014年。

3.［荷］米克·巴尔著，谭君强译：《叙述学：叙事理论导论（第二版）》，第1页，中国社会科学出版社，2003年。

4. 中国硅酸盐学会：《中国陶瓷史》，第1页，文物出版社，1982年。

5.（明）宋应星：《天工开物》，第93页，四川美术出版社，2018年。

6. 中国硅酸盐学会：《中国陶瓷史》，第1页，文物出版社，1982年。

1. 遥远的面庞

来自黄河上游甘肃秦安大地湾遗址的人头形器口彩陶瓶（图 1），距今已有约 5000 年的历史。瓶口塑人首形象，五官端正，双目深邃，耳有孔，头发顶部开口，瓶身以细泥红陶夹少量白砂制成，以黑彩绘连续变体鸟纹为饰。此瓶为早期先民以陶器模仿实体，以陶塑的方式对于自身形象之体认，通常认为，其应为“万物有灵”观念下祭祀活动时所用。后世有“女娲抟黄土作人”之说，抑或与此有关。在缺乏图像和文字记录的新石器时代，陶塑人首却以最生动的方式直面观众，令数千年后的我们依然可以一睹先民之面庞，使遥远的历史瞬间鲜活起来。

2. 精致的诉说

如果说来自黄河上游地区的人头形器口彩陶瓶可以作为中国早期彩陶装饰艺术的代表，那么出土自黄河中下游地区山东龙山文化的蛋壳黑陶套形杯（图 2）则以 0.2 毫米的精致向观众诉说着 4000 年前以轮制工艺和渗碳技术等为代表的人类最先进的制陶技艺，并以此种技艺的极致来表现当时社会等级与权力的诉求，同时也反映着人类文明的演化进程。

图 1　人头形器口彩陶瓶
新石器时代仰韶文化
甘肃省博物馆藏

图 2　蛋壳黑陶套形杯
新石器时代龙山文化
山东博物馆藏

图 3　四神瓦当
汉代
故宫博物院藏

3. 人间的四灵

中国古人“观乎天文,以察时变”,“苍龙、白虎、朱雀、玄武,天地四灵”亦称“四神”,作为中国早期的神灵,其根植于史前先民的信仰之中,是从二十八星宿的天象中联想和抽象出的艺术形象,分别代表了东、西、南、北四方。“到汉代,它们同五行观念相结合,成为对中国文化影响最大的宇宙论体系,此后也成为渗透在民众生活各方面的艺术符号。”[1] 此次展出的这套距今约 2000 年的汉代“四神”瓦当(图 3),作为陶制建筑构件筒瓦之头,除了有庇护屋檐、增加建筑物美观等作用,同时还将中国古人浪漫的天文观念和哲学理念以具象化的幻想动物形态展示出来,成为其思想与观念物化的载体,并有祈保吉祥镇宅之寓意。

二、讲述民族交流的故事

中国是统一的多民族国家,在漫漫历史长河中各民族逐渐交融汇聚成多元一体的中华民族,彼此血脉相依、血肉相连,不仅共同书写了源远流长的中华文明,共同培育了伟大的民族精神;而且,“邦畿千里,维民所止”[2],共同开拓了辽阔的国家疆域,共同维护祖国的统一与安定。本次“何以中国”展第二单元“流”的部分便以不同民族风格的陶人俑、丝绸之路上的胡人吃饼骑驼俑以及辽三彩陶卧猫共同讲述中华民族多元一体交流、交融的故事。

1. 王小盾:《中国早期思想与符号研究:关于四神的起源及其体系形成》,第 1 页,上海人民出版社,2008 年。
2.(汉)毛亨传,(汉)郑玄笺,(唐)孔颖达疏:《毛诗正义》卷二〇,第 1445 页,北京大学出版社,1999 年。

图 4　彩绘陶持盾武士俑
与彩绘陶踏碓女俑
北魏
故宫博物院藏

图 5　陶男俑与陶女俑
元代
故宫博物院藏

1. 穿越的角色

陶人俑是用陶土制作的用以代替人殉进行随葬仪式的各种人俑形象，自春秋时期开始，便是中国古代殉葬明器中的重要内容。朱熹所谓“古之葬者，束草为人以为从卫，谓之刍灵，略似人形而已。中古易之以俑，则有面目机发，而大似人矣”[1]，即谓陶人俑之逼似真人，以致“孔子谓为刍灵者善，谓为俑者不仁，殆于用人乎哉？”[2] 即孔子认为，陶制人俑因为过于像真人，以之殉葬，几乎要等同于真人殉葬，故谓之不仁，不如用稻草扎束略似人形的草人殉葬为善。足见陶人俑反映中国古人形象之逼真肖似。在古人“事死如事生”的观念下，墓葬即为死后居所，墓主人亦需侍者、侍女、护卫、家臣、仪仗、乐舞、庖厨等角色相伴。而这些陶制的角色往往在墓主人早已化作枯骨的时候，仍然栩栩如生，穿越千年，依然以最生动的形象展示着那个时代的社会与风尚。此次展出的 4 件陶人俑，无论是北魏时期左手持盾、右手空心握拳的彩绘陶持盾武士俑，还是正在踏碓劳作的彩绘陶踏碓女俑（图 4），其大翻领窄袖短袍或左衽红色襦衫都区别于传统中原服饰中的右衽交领斜襟，为北魏时期各民族文化交流融合的体现。而另外两件元代陶俑（图 5），则为典型元代蒙古族男子与元代女子的日常造型。

1.（宋）朱熹编撰：《四书章句集注》，第 186 页，长江出版社，2016 年。
2.（汉）郑玄注，（唐）孔颖达疏：《礼记正义》卷九，第 277 页，北京大学出版社，1999 年。

图 6　胡人吃饼骑驼俑
隋代
山西博物院藏

图 7　三彩陶卧猫
辽代
辽宁省博物馆藏

图 8　三彩陶猫形器
内蒙古自治区赤峰市松山区辽墓出土

2. 丝路的来客

古代丝绸之路不仅是东西方政治、经济、文化交流的重要通道，同时也是中华民族多元融合汇聚的重要舞台。山西地区作为古代丝绸之路上的重要节点，尤其是在北朝至隋时期，同时也是中原农耕文化与北方草原游牧文化交界聚合之地。今山西太原沙沟隋代斛律彻墓出土的这件胡人吃饼骑驼俑（图 6）正是这一时期各民族交流融合、丝路往来繁荣的生动写照。斛律部是漠北高车六大部落之一，以部落名为姓，北魏时内附。斛律彻家世显赫，历经北魏到隋，隋时授为右车骑将军、封崇国公。这件出土于其墓的陶俑真切定格了丝绸之路上胡人载着毡帐、货品等，于驼背上休憩吃饼的瞬间，令千载之后的我们仿佛依然可以听到这位丝路来客骆驼的嘶鸣声，那尚未吃完的胡饼上的芝麻香味仿佛仍在远远地飘来。

3. 奇特的花猫

本次“何以中国”展中的陶瓷象生器除了陶人俑、陶骆驼外，尚有一只奇特的陶“花猫”（图 7），此猫为辽三彩制，呈卧状，造型颇为生动，其腹中空，背部、口部各开一小孔，背有伤缺，原或应有一环形提，内蒙古自治区赤峰市松山区辽墓曾出土同类型器（图 8）。其功能一说为注壶[1]，一说为水滴[2]，又一说为陶埙[3]，目前未有定论。笔者观察以为，“水滴”

1. 路菁：《辽代陶瓷》，第 98 页，辽宁画报出版社，2003 年。
2. 杨俊艳：《案上芳华：辽代的陶瓷文房用具》，《收藏》2018 年第 6 期。
3. 陈秉义：《中国古代契丹—辽音乐史料图文集》，第 207 页，上海三联书店，2018 年。

图 9　山西大同西南郊许从赟夫妇墓壁画（局部）

图 10　山西大同东风里辽墓壁画（局部）

说或更接近。水滴，即砚滴，或称书滴，为中国古代文人储水以研墨的文房水器。观此猫，背孔为顶口，腹空，口孔为吐水，再比对参照历代动物形砚滴，虽其形各异，而顶口、腹空、吐水皆相类，且其长 9.8、宽 5.7、高 6.3 厘米，正宜单手提握，亦合砚滴尺寸形制。使用时，塞其顶口，则吐水不泄，松开顶口时，则有水流出，乃是中国古人利用气压原理控制研墨水量，以调墨之浓淡，故知此应为辽三彩猫形砚滴，为辽代晚期三彩文房器。宋、辽时期，养猫之风日炽，并已分捕鼠之猫与美观而不捕鼠之猫，宋代诗人陆游便有“狸奴”名唤“小於菟”。而在辽代诸多墓室壁画中亦有见猫之倩影，如辽乾亨四年（982 年）山西大同西南郊许从赟夫妇墓壁画中，东北壁直棂窗下就绘有“黑白两色花猫 1 只”[1]（图 9），山西大同东风里辽墓壁画中北壁桌底两端亦各绘一“黑地白花猫”与一“白地黑花犬”[2]（图 10），颇为有趣。辽三彩在制作工艺上继承了唐代中原巩县窑三彩的传统烧制技法，采用高温素烧、低温釉烧的二次烧成法，所不同处在于其胎上常施质细色白的化妆土，以遮坯体颜色，增加釉彩色度。其彩常以黄、绿、白三色为主，此三色施于猫身，天然便是花猫样子，愈发可爱。故而猫不仅为宋、辽所同好，遂制猫形砚滴于书案之上，实用外又添了雅趣，而且其制作技法亦是民族文化交流融合之结晶。

---

1. 王银田、解廷琦、周雪松 :《山西大同市辽代军节度使许从赟夫妇壁画墓》,《考古》2005 年第 8 期。
2. 刘俊喜、侯晓刚、江伟伟等 :《山西大同东风里辽代壁画墓发掘简报》,《文物》2013 年第 10 期。

三、讲述文明互鉴的故事

中国古代陶瓷作为中华文明与世界文明多元共生互鉴的实物见证，至迟从唐代开始，以浙江越窑、湖南长沙铜官窑等为代表的中国陶瓷已大量销往海外。宋、元时期，中国对外的瓷器输出规模更加扩大，并以浙江龙泉窑，江西景德镇窑，福建德化窑、磁灶窑等为代表。至明、清时期，尤其是在 1492 年新航路开辟作为经济全球化开端的大背景下，景德镇作为代表性的瓷器产地，以其灵活的组织生产形式、无数中国匠人的智慧与心血，以及便利的运输条件等，使中国陶瓷真正成为世界性的文化与艺术产品，进一步促进了东西方航海、贸易和文化的往来，也一步步影响了人类的生活与生产方式。“物之不齐，物之情也”，文明因多样而交流，因包容而互鉴，交流互鉴而后可共生并进。

1. 诸神的器用

在今天的美国华盛顿国家美术馆藏有一幅 16 世纪早期，欧洲文艺复兴时期美术大师乔凡尼·贝利尼的经典杰作《诸神之宴》(*The Feast of the Gods*)(图 11)，作为这位威尼斯画派奠基人的最后一幅画作，整画尺幅较大，纵 170 厘米，横 188 厘米，画面表现了慵懒的夏日午后，包括众神之王朱庇特(Jupiter)、海神尼普顿(Neptune)、光明之神阿波罗(Apollo)等在内的奥林匹斯山上的一众神祇在树林中欢畅宴饮时的场景，众神表情姿态各异，画面生动有趣，充满了人间生活的自由气息。尤其值得注意的是，众神宴饮所用之器具明显是以中国元末明初时期的青花缠枝莲纹瓷碗、盘为原型。当西方的众神与东方的瓷器相逢在人间场景，一时间此画便多了人类共同的诗意。此外，无

图 11 《诸神之宴》
美国华盛顿国家美术馆藏

论是14至15世纪西亚地区伊斯兰细密画中的青花瓷，还是15世纪末16世纪初，意大利画家安德雷亚·曼泰尼亚所绘《东方三博士的朝拜》（图12）中敬献给耶稣与圣母盛满金币的青花花卉纹小杯，抑或是17世纪中期荷兰画家威廉·卡尔夫诸多静物画中的青花瓷器，无不显示着不同肤色、不同信仰的人却同样为这种散发着中国式精致与优雅的蓝白纹饰器物而深深着迷。

图12 《东方三博士的朝拜》（局部）
美国洛杉矶盖蒂博物馆藏

青花瓷是指应用钴料在瓷胎上绘画后罩上一层透明釉，入窑经高温一次烧成的釉下彩瓷器。其滥觞于唐，成熟于元，而以明、清为盛。青花瓷器从诞生时起便打破了民族与地域的局限，是唐代以来多民族文化交流互鉴的产物，经过宋代制瓷业的高度发展，元代亚欧大陆再次打通，同时受到西亚伊斯兰文化以及蒙古族尚蓝、尚白的影响，加之波斯地区钴料苏麻离青的进口，遂有元代青花瓷器的迅速发展成熟。根据目前中外考古发掘以及传世品调查研究表明，中国古代青花瓷在除南极洲外的其他六个大洲均有发现，其中又以亚洲与欧洲为甚。当中国景德镇的青花瓷器以当地的瓷石加高岭土为胎，以海内外青料为饰，渲染着中国水墨画特有的古朴典雅，混合着中国传统风格、伊斯兰风格以及欧洲风格的器型与纹饰，最终成为人类文明互鉴的经典作品，一直影响到今天。本次“何以中国”展中也特别选取了两件青花瓷，一件元代青花里模印外画龙纹高足碗（图13），一件明宣德时期青花藏文高足碗（图14），其器形最早可上溯至罗马风格的高足杯样式[1]。这种器形早期多见于金银器，元、明时期青花瓷上又有所改造，以其高足便于手持之饮酒，符合元代游牧民族生活

1. 齐东方：《唐代金银器研究》，第410页，中国社会科学出版社，1999年。

图 13　青花里模印外画龙纹高足碗
元代
故宫博物院藏

图 14　青花藏文高足碗
明宣德
西藏自治区布达拉宫管理处藏

习惯，初称“马上杯”，后逐渐从日用器中分离，作为一种佛教供器使用并常配有碗托，以盛装果品供奉于佛案之上，至明、清时期，亦常作为礼物成为民族团结之象征。

2. 唐僧的故事

7 世纪早期，大唐初立，西域尚不安定，故朝廷诏令严禁西行出关，而有一法名玄奘的僧人为钻研佛法、求取真经、学习域外文化，毅然混入难民，出走长安，于贞观三年（629 年）悄悄经凉州出玉门关西行，一路历经艰难险阻，途经百余个国家和地区，最终抵达佛教圣地天竺（今印度地区）研究佛法，并将真经带回中原，前后共历时 17 年。归来后，这段传奇经历由玄奘口述、其弟子辩机记录并整理编纂成《大唐西域记》。书中记录了沿途所见地理、交通、人文、物产、风俗等，成为如今研究古代中西方文化交流的重要史料。而玄奘的另外两位弟子，慧立与彦悰亦先后对于其事迹进行梳理记录，后合并为《大慈恩寺三藏法师传》，其所记较之《大唐西域记》更加生动详细。之后，南宋刊刻的《大唐三藏取经诗话》中已有大量的神话情节加入取经内容，到了元代，《西游记平话》《西游记杂剧》等流传更为广泛，最终历经 900 余年的演变，至明代中期，方在吴承恩的才情和文学加工下形成今之所见《西游记》，而唐僧师徒四人为追求理想，不畏艰难，坚忍不拔，终成正果的故事至今仍能够引起我们的共鸣。本次展览展出的这件元代磁州窑白釉褐彩唐僧取经图枕（图 15），为元代常见的长方形枕，中部略凹，枕面开光内绘唐僧取经图：孙行者手持圆棒在前开路，猪八戒肩扛钉耙紧随其后，唐

图 15　磁州窑白釉褐彩唐僧取经图枕
元代
广东省博物馆藏

僧头戴五佛冠，身骑白龙马，正快马加鞭，沙和尚双手执握宝盖于马后快步跟上，四人一马的取经团队生动活现，远处依稀可见层峦叠嶂。因而其不仅是唐僧的故事在元代广为流传的真实依据，而且也是古代多元文明共生并进的实物见证。

四、讲述器以载道的故事

《易》云“形而上者谓之道，形而下者谓之器”，“器以载道，此谓圣人立象以尽意也”。中国古人制器用器，非限于器物本身，则必载有道，必合于礼，必应于时。因而古代陶瓷作为传统造物艺术之器，亦多载有价值、审美与趣味之道，是中国古人对于物质在高温中创造性转化的深刻理解，也是独特中华美学的现实载体。

1. 逝者的谷仓

民为邦本，谷为民命，仓廪实而国家安，故《尚书 · 洪范》八政，食为政首，粮食储蓄素来为“天下之大命”“国之重宝”。而谷仓作为粮食储蓄之地，亦为国之大者，戎所必争，象征着民命之本。因此，在中国古人“慎终追远”“事死如事生”以及“发挥祖德”“报本反始”的观念下，常以陶瓷制成谷仓作为逝者陪葬之明器。从东周墓出土的陶仓到秦汉时期的陶囷、东汉的五联罐，再到三国（吴）、西晋时期堆塑崇楼、亭阙、人物、动物等的谷仓罐（图 16），以及唐、宋以降的粮罂瓶、皈依瓶、龙虎瓶、

图 16　青釉堆塑人物谷仓罐
西晋
故宫博物院藏

图 17　青釉堆塑楼阁人物鸟兽谷仓罐局部文字
三国（吴）
故宫博物院藏

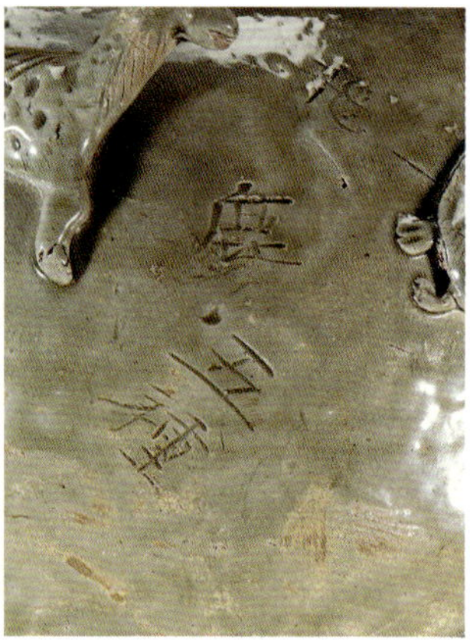

图 18　青釉堆塑楼阁人物鸟兽谷仓罐局部“五种”字样
三国（吴）
故宫博物院藏

魂瓶等不同形制的谷仓罐，不仅满足了“鬼犹求食”而“不其馁”，为逝者死后饮食所考虑，同时也为求得逝者佑护，祈保生者之安乐。故亦常见刻有时间与吉语文字，如“永安三年时，富且洋，宜公卿，多子孙，寿命长，千意万岁未见英”（图 17），永安为三国时期吴主孙休的年号，永安三年即公元 260 年，其中“洋”通“祥”，“意”即“亿”，“英”则同“殃”，其基本包含了《尚书·洪范》中之“五福”，即“一曰寿、二曰富、三曰康宁、四曰攸好德、五曰考终命”，也是中国古人幸福观最直接的体现。另外其罐身还刻划有“五种”字样（图 18），“《周礼》曰‘谷宜五种’，郑玄曰‘五种：黍、稷、菽、麦、稻也’”[1]，即为五谷之种，亦明确表明其谷仓罐之用。

谷仓罐不仅是中国古人粮储设施的缩影，表现了朴素的生存思想与忧患意识，而且也是道法自然、与万物渊源共生的自然观与审美观的体现。“万物各得其和以生，各得其养以成”[2]，生物的多样性是人类生存与发展的基础，因而中国古人在谷仓罐上不仅堆塑崇楼、亭阙等建筑，侍仆、伎乐等人物，更有着大量的动物与人类和谐相处，既有熊、鹿、猪、狗、兔、鼠、虎、鸡、羊、龟、蜥蜴、飞禽、游鱼等现实中的生物，也有龙、

1.（汉）司马迁撰，（南朝宋）裴骃集解，（唐）司马贞索引，（唐）张守节正义：《史记》卷一“集解”，第 23 页，上海古籍出版社，2016 年。
2.（战国）荀况撰，方勇、李波译注：《荀子》，第 266 页，中华书局，2011 年。

朱雀、天禄、辟邪等想象中的瑞兽。尊重自然、顺应自然，以自然之道，养万物之生，不仅是朴素而先进的中国智慧，而且其中所体现出的“地球生命共同体”“可持续发展”等观念，也是对世界人类文明的巨大贡献。

2. 天子的盖碗

盖碗为饮茶之器，以陶瓷制最为常见，明、清时期，茶叶逐渐由叶茶替代了团茶，“揉而焙之”的炒青制茶法亦渐成为主流，因而宋代以来的点茶法则被以茶壶容茶，直接以沸水冲泡，再入茶杯或盖碗之中品饮的方式所取代。清代天子的盖碗多为江西景德镇御窑厂烧制，其器型、纹饰一般有定例，除了以彰显身份等级的黄釉或龙凤纹饰外，多为御制诗或宫廷常见象征吉祥寓意的纹饰，而有一类粉彩“耕织图”纹饰尤为特别。

所谓“耕织图”，即表现稼穑蚕桑等基础农业生产过程之图画。“农，天下之本，务莫大焉。”[1] 农为国本，本固而国安，故庄子云：“彼民有常性，织而衣，耕而食，是谓同德。”郭象注：“夫民之德，小异而大同，故性之不可去者，衣食也；事之不可废者，耕织也，此天下之所同而为本者也，守斯道者，无为之至也。”[2] 即言耕织不废则衣食不去，要想实现无为而治则需以此为本。故《管子》中云：“明主配天地者也，教民以时，劝之以耕织，以厚民养。”[3] 即贤明的君主应该德配天地，教导人民按时生产，鼓励耕织，以使人民富足。因此，引导人民劝农课桑、从事农业生产的图像从先秦时期器物上的纹饰到汉、魏晋时期的画像砖石，再到唐代的石窟壁画之中，皆有所见。至南宋绍兴年间，於潜县令楼璹“笃意民事，慨念农夫蚕妇之作苦，究访始末，为耕织二图”[4]。其中包括耕图 21 幅、织图 24 幅，始将之系统化，影响深远。此后，元、明、清各代皆以之为范本，或临摹，或改创，将中国传统农耕文明的源远流长以最直观易懂的方式表现和传承下来。至清康熙时期，康熙帝则命宫廷画师焦秉贞在其基础上结合西洋绘

1.（汉）司马迁撰，甘宏伟、江俊伟注：《史记：评注本》，第 90 页，崇文书局，2009 年。

2.（晋）郭象注，（唐）陆德明音义，崔存明校订：《庄子》，第 83 页，首都经济贸易大学出版社，2007 年。

3.（唐）房玄龄注，（明）刘绩补注：《管子》，第 397 页，上海古籍出版社，2015 年。

4.（明）曹昭、王佐著，赵菁编：《格古要论》，第 350 页，金城出版社，2012 年。

图 19　五彩耕织图棒槌瓶
清康熙
故宫博物院藏

图 20　“慎德堂制”款粉彩耕织图盖碗及款识
清道光
故宫博物院藏

画技法进行创作，绘成耕图、织图各 23 幅，名为《御制耕织图》。而以瓷器为载体表现耕织图纹饰亦自康熙时始（图 19），清末江浦寂园叟撰《陶雅》曰 :“康熙彩，画手精妙，官窑人物以耕织图为最佳。”[1] 民国时许之衡撰《饮流斋说瓷》亦云:“康熙耕织图为瓷界可珍之品，所作以盘、碗为多。”[2] 其后，清朝历代皇帝皆有所继承，瓷器遂成为清代传达重农思想与民本观念的重要物质载体。本次展出的这件“慎德堂制”款粉彩耕织图盖碗（图 20）即为道光帝在圆明园中御用饮茶之器。用此碗时，当“念生民之本,以衣食为天”,亦当“思织女之寒”“念农夫之苦”[3],同时也承载着道光帝“崇俭去奢,慎修思永”的理念。

1.（清）寂园叟 :《陶雅》上卷，第 4 页，民国静园丛书本。
2. 许之衡著，叶哲民译注 :《饮流斋说瓷译注》，第 103 页，紫禁城出版社，2005 年。
3.（清）焦秉贞等绘，张立华点校 :《康熙雍正御制耕织诗图》，第 8 页，安徽人民出版社，2013 年。

五、结语

中国古代陶瓷一如君子，敦厚素雅，“文质彬彬”，焕神采而兼风骨，“致广大而尽精微”，载诸德而道中庸，跨越万年，百姓日用而不觉，却为这个世界持续贡献着他的美好与智慧。从浪漫的审美到精致的技艺，从民族的多元一体到文明的共生互鉴，从天人合一、尊重生物多样性的自然观，到以民为本、悲悯苍生、天下大同的社会观等，中国古代陶瓷已经深深烙印上了中国之品格，承载着中国之风骨。因而在展览中讲述古代陶瓷的故事，事实上也就是在讲述中国的故事，在讲述人类文明共同的故事。

陈列设计语境下的隐喻和抒情
——故宫博物院文华殿“何以中国”展览形式设计解析

薄海昆　李怀玉

故宫博物院展览部

面对“何以中国”展览这样一个宏大主题，设计者认真研读展览内容，从中抽取思想精髓，根据文华殿展厅实际情况逐步构想设计方案，在特定的陈列设计语境下以隐喻方式抒发情感，尽力使形式设计符合展览内容需求，并增强展览氛围感染力，实现设计风格的突破创新。本文通过解析“何以中国”展览形式设计，阐述设计者如何在这个展览中设定隐喻，如何通过形式设计上的隐喻延伸展览信息，让展览更生动丰富，从而引起观众共鸣，达到理想的传播效果。

一、展览的特性及其对形式设计的隐喻诉求

一般而言，不同的博物馆展览因为展览主旨、展品种类、展品数量、展厅条件、设计思想的差异而具有特性。形式设计建立在很多客观条件基础上，必须立足展览内容，遵从展览特性。恰如陆建松教授所说：“设计方案（应）对展览主题和内容理解准确，能形象深刻地揭示展览的主题和内容，能对展览主题和内容进行准确、完整和生动的表达。”[1]

1. 陆建松：《博物馆建造及展览工程管理》，第 346 页，复旦大学出版社，2019 年。

图 1　故宫文华殿

与众多展览一样，“何以中国”展览具有自身特性，尤其这样一个宏大主题展览首度在作为皇家古建筑群的故宫博物院举办，必然会因展览场地特点而产生更多制约。这些特性和制约很大程度上左右了形式设计的方向与方法。

从展厅条件看，“何以中国”展览的场地文华殿建筑呈工字形，没有特别开阔的空间。殿内雕梁画栋，地面为民国时期铺设的彩色瓷砖，任何展览设计都要先考虑古建筑本身的安全性和装饰美，不能与之冲突。再者，文华殿本为故宫博物院书画馆，其展柜高度及进深均为书画展品定制，并不十分契合器物类展品陈列，给设计带来了更多难度和制约。要知道，“展览和其所在的建筑物往往几乎没有共同之处，然而设计者必须设法使两者和谐”[1]（图 1）。

从展品情况看，除了故宫博物院院藏文物外，“何以中国”展览还展出全国各地多

1.［美］玛格丽特·霍尔：《展览论——博物馆展览的 21 个问题》，第 39 页，北京燕山出版社，2007 年。

图 2　长信宫灯
西汉
河北博物院藏

家文博机构的珍贵藏品，如皿方罍、长信宫灯（图 2）、何尊等，涵盖了陶瓷器、青铜器、玉器、金银器、书画等多个品类。这些文物名品云集，明星效应较强，一是容易导致主次难分，二是不小心会给观众带来“亮宝”印象。此外，不同品类文物时代不同、大小各异、气质有别，且每件文物都蕴含大量历史信息，印证大纲所述理论。如何让设计匹配如此综合多样的文物并生动表达重点文物的深意是设计者面临的挑战。

从展览内容看，“何以中国”展览打破宏大历史题材展览所惯用的时间叙事线索，抽象地将中华文明比喻成一条大河，其核心价值和线索是从“源”“流”“汇”三个层面讲述“多元一体、连绵不绝、兼容并蓄”的中华文明特质。这个展览并不是简单地陈述历史，而是在坚持正确史观的前提下，以物记事，以事叙史，以史启思。为了在有限空间内表达深厚思想，展览文字简练概括、浪漫优美，让展览内容充满诗意。如此广度的主题使得设计者较难抓住展览深度核心，在概括展览的地域或时代元素中，也不易营造出与展览内容所意图表现的恢宏气势相吻合的环境氛围。

综上所述，该展览多个现实矛盾的并存给设计者出了难题，设计者较难从形式设计的惯常经验和手段中觅取稳妥、合适的解决方案，需另辟蹊径，以小见大。美学家李泽厚认为：“只有当某种人工制作的物质对象以其形体存在诉诸人的此种情感本体时，亦即此物质形体成为审美对象时，艺术品才现实地出现和存在。”[1] 因此设计者可以把展

1. 李泽厚：《美学四讲》，第 222 页，天津社会科学院出版社，2001 年。

览看成表现方式多变的艺术作品，又因为艺术是相通的，从而设计者可以拓展策划思路，转向同样具有多种表现手段的其他艺术领域获得启示和灵感。

在文学艺术中，“隐喻”（metaphor）是一种修辞方法，即在彼事物的暗示之下感知、体验、想象、理解、谈论此事物的心理行为、语言行为和文化行为。隐喻对文学表述有着强化效用，亚里士多德《诗学》说：“外来词、隐喻词、装饰词以及上文提到的其他词类可使诗风摆脱一般化和平庸。”[1] 西塞罗《论公共演讲的理论》亦言：“使用隐喻是为了创造一幅生动的精神图景。”[2] 随着对隐喻的不断研究，学者们将隐喻从语言学领域延伸到思维规律上。美国语言学家莱考夫和约翰逊（Lakoff & Johnson）认为，人类的概念系统在很大程度上是以隐喻方式构建的，人类思维的基本特征就是隐喻；隐喻性的思维和认知方式是人类认识世界、获得知识的重要手段；人们通过对事物相似性特征的联想，可以产生新的设想，发明和创造出新的事物，推动科学技术进步[3]。那么，“我们每天所经历所做的一切就充满了隐喻”[4]。回到视觉艺术，某些图像可以被看作语言隐喻在视觉上的对应，它们正是所谓的“图像隐喻”。

由此可见，图像隐喻方法可以尝试运用到展览设计中，使用图形、图案作为视觉艺术助力展览。又如莱考夫和约翰逊所言：“隐喻是我们最重要的工具之一，它帮助我们部分理解那些无法完全理解的事物，如我们的情感、审美经验、道德实践、思想意识。这些想象的尝试并非没有理性，因为使用了隐喻，它们采用的是富于想象力的理性。”[5] 那么，将不同认知成分同化于单个形象周界内，通过明示或暗示“目标域”及“源域”[6]，将概念不同的整体事物对照放置，让其中一方通过另一方被理解，以及通过设立特定

---

1. [古希腊] 亚里士多德著，陈中梅译注：《诗学》，第 156 页，商务印书馆，1996 年。
2. [古罗马] 西塞罗著，王晓朝译：《西塞罗全集 · 修辞学卷》，第 115 页，人民出版社，2007 年。
3. 杨炳钧：《从亚里士多德的隐喻论到韩礼德的语法隐喻论》，《中国外语》2021 年第 5 期。
4. [美] 乔治·莱考夫、马克·约翰逊著，何文忠译：《我们赖以生存的隐喻》，第 4 页，浙江大学出版社，2015 年。
5. [美] 乔治 · 莱考夫、马克 · 约翰逊著，何文忠译：《我们赖以生存的隐喻》，第 171 页，浙江大学出版社，2015 年。
6. 在“X 是 Y”这一隐喻构式中，系词“是”左边的认知成分在术语上被称为“目标域”，系词“是”右边的认知成分在术语上被称作“源域”。详见黄泓积：《广告图像隐喻的设计方法论——基于类型、结构信息、交互三方面的探讨》，《南京艺术学院学报（美术与设计）》2021 年第 5 期。

形象作为引导理解方向的视觉线索，隐喻足够起到延伸展览信息的作用，也能够将深刻抽象的思想具象化，以促进情感共鸣的效果表达出来。

对于“何以中国”这样的大型历史题材展览，设计者将用隐喻方法来呈现展览视觉，该思路可以在资金和场地均受限制的情况下，精炼、概括地突出展览重心，陈述展览思想，并通过情感抒发营造良好氛围，尽可能激发观众的思绪和共情，让观众沉浸到展览内容中去。接下来的具体设计实践将解析设计者在该展览中设定隐喻的灵感来源和意图。

二、陈列设计语境下的色彩隐喻

设计者在分析“何以中国”展览内容时，认为有必要用色彩隐喻来概括体现复杂深邃的展览思想。这个展览在解读中华文明过程中，不仅传达了知识，并颂扬锐意进取、蓬勃向上的民族精神，如展览结语所言：“泱泱中华，万古江河，晨禹迹而暮朝歌，泽丰镐而卫河洛。取九原之殊勇，舞南越之金戈。融南北之血脉，混东西为一科。”如是，使用渲染氛围的手法，则烘托出这种激情澎湃的气势，激励今人“以史为鉴、开创未来、埋头苦干、勇毅前行”。

关于展览色彩的运用，现代中国展览设计奠基者、老一辈艺术家吴劳先生指出：“展览艺术的造型手段是依靠多方面的条件来表达其内容的，而色彩是很重要的条件。在展览艺术中，对色彩的运用要有足够的认识，才能使展览出色。”[1] 时下博物馆展览，对色彩的选用越来越考究且专业。设计者研究展览色彩时，通常会从颜色特征出发，考虑色彩与内容的关系、与文物的关系、与其他色彩的关系、与整体空间的关系等，让色彩使展览具有观赏性、舒适性，并突出展品个性，这已成为展览选色的基本要求。

色彩的要素，除了外在的色调、明度、饱和度之外，还有内在的情感表现、色彩心理，像鲁道夫·阿恩海姆概括的：“红色往往被看成是一种充满刺激性和令人振奋的色彩；

---

1. 吴劳：《展览艺术的色彩》，《装饰》1959 年第 4 期。

黄色是一种安静和愉快的色彩；蓝色则被描写成一种抑郁的和悲哀的色彩。”[1] 而且正因为“一切视觉表象都是由色彩和亮度产生的”[2]，色彩具有对事物的高度概括性，也容易引发联想。那么，色彩可以成为设计者在展览中运用隐喻手法的利好工具。

“何以中国”展览设计者认为大红色既能象征中华文明，也暗含着中华民族慷慨悲歌的精神，如赤胆忠心、一片赤诚、赤心报国等成语说明了其寓意。中国先民喜爱红色，早在北京周口店山顶洞人的墓穴里，死者遗骨的周围有用赤铁矿粉撒成的圆圈。《礼记》言“周人尚赤”，《楚辞·招魂》有“网户朱缀，刻方连些”，也是古人崇尚红色的表现。尽管历朝历代最尊贵的颜色摇摆不定，但至明清时期红色逐渐被民众接纳且喜爱，很多器物、建筑、庆典都以红色装饰，究其原因：一是红色象征火焰、生命，有辟邪避凶作用；二是红色象征喜庆，与婚姻和生育有关。从色彩心理方面看，红色也给人奔放、大气的感觉，如康定斯基的评判：“鲜明温暖的红色和中黄色有某些类似，它给人以力量、活力、决心和胜利的印象。”[3] 所以，“何以中国”展览标题墙、展柜内的背景衬布、展板、海报等视觉识别都以红色为主基调，让展厅内部及外围充满热烈和温暖的氛围。以中华民族精神为目标域，红色则是源域，红色暗喻了中华民族精神和文化。此外，何尊、红山玉龙和良渚玉琮所组成的场景，背后是一条约 20 米的长墙，用橘黄色喷绘宣绒布贴饰，隐喻文明曙光，它既映衬了上古文物的时代感，又开辟出一个柔和的三维视界，丰富展览的色彩层次（图 3 ~图 7）。

图 3 “何以中国”展览标题墙设计方案

1. [美] 鲁道夫·阿恩海姆著，滕守尧、朱疆源译：《艺术与视知觉》，第 466、467 页，四川人民出版社，1998 年。
2. [美] 鲁道夫·阿恩海姆著，滕守尧、朱疆源译：《艺术与视知觉》，第 451 页，四川人民出版社，1998 年。
3. 奚茀：《康定斯基论艺》，第 59 页，人民美术出版社，2002 年。

图 4 “何以中国”展览海报

图 5 “何以中国”展览户外平面装饰

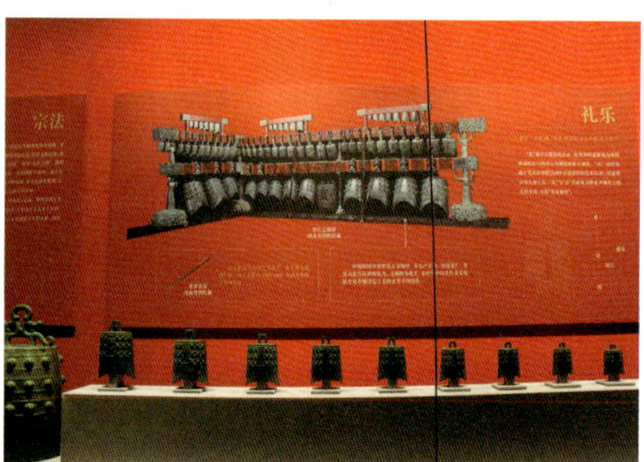

图 6 “何以中国”展览红色与灰色基调

图 7 “何以中国”展览红色与灰色基调

何以中国

展柜内的红色背景衬布与中灰色展台搭配还有另外一层隐喻——紫禁城的宫墙，灰色即为红墙下部的墙裙。这层隐喻彰显了展览在故宫博物院举办的特色，同时，灰色适度减弱了大面积红色的视觉冲击力，一方面起到缓解观众眼睛疲劳的作用；另一方面，灰色布适于衬托多种品类的文物，将它们融合统一起来。

本次展览所实践的色彩隐喻立足于设计者对内容与思想的深度剖析，以及对色彩性格的把握，应该说达到了烘托展览氛围的目的，将文字与文物所难以直观表达的精神气韵外化。对于增强陈列艺术效果而言，色彩隐喻无疑是比较简单、有效的方法，需要注意的是，运用色彩隐喻的前提在于遵从色彩搭配原则，并且要充分考虑展览空间的情况，不能与展厅条件相冲突。经过审慎思考，设计者巧妙运用了色彩隐喻。

三、陈列设计语境下的纹饰隐喻

在设计语境中，色彩只是制造隐喻的一种介质，其他设计元素也可承担此功能。设计者在“何以中国”展览陈列形式中应用了一些纹饰，一方面起到装饰展厅、丰富视觉观感的作用；另一方面也是在陈列设计语境下用纹饰做隐喻的初探。

关于纹饰的隐喻，贡布里希认为：“人有使新旧意义同化的能力，这种能力同样对装饰仿样这一卑微的手法起着作用。其实装饰仿样是比喻的一种形式。”[1]纹饰出现于人类艺术起源阶段，较早的身体装饰“都可以按照它的目的，分属于引人的和拒人的两类”[2]。中国新石器时代，原始彩陶上的纹样普遍经历了从具象到抽象，从写实性到符号化的转变，比如仰韶文化、马家窑文化的彩陶，鱼纹、蛙纹、鸟纹逐步演化为几何图案，“抽象几何纹饰并非某种形式美。而是抽象形式中有内容，感官感受中有观念”[3]。商周青铜器、

1. [英] E. H. 贡布里希著，杨思梁、徐一维译：《秩序感——装饰艺术的心理学研究》，第 298 页，浙江摄影出版社，1987 年。
2. [德] 格罗塞著，蔡慕晖译：《艺术的起源》，第 80 页，商务印书馆，1984 年。
3. 李泽厚：《美的历程》，第 32 页，天津社会科学院出版社，2001 年。

漆器、玉器纹饰亦在礼制背景下别有深意，而非停留在外观美的表层上。这正说明很多纹饰自带隐喻功能。

“何以中国”展览，第一单元“源”的第一节“天地之间”讲述：特殊的自然条件孕育了中华民族，先民以自己的方式展示他们眼中的世界。作为第一单元的开端，文华殿前厅南侧居中呈三角形摆放三台独立展柜，陈列何尊、红山玉龙和良渚玉琮，构成展览的一处看点。策展人将这几件文物组合，意在展现中华民族早期的天地崇拜、图腾崇拜以及“中国”概念的起源，尤其玉龙与何尊腹部的龙（蛇）纹堪为表述龙图腾起源与形变的重要物证。自史前时代至明清，龙的形变多种多样，体态经历了从胚胎形演变到走兽形，再演变到长蛇形的发展，从简单的一种动物化身晋级到复杂的多种动物合体。龙被奉为中华民族的图腾，其背后隐含着深刻的宗教与政治理念，龙本身就是神性、祥瑞、祭祀、权力与中国的隐喻，它是先祖们所信仰的能够沟通天地的媒介，亦是古代贵族阶层宣扬统治力量的工具。这种神话与历史的脉络需要让观众真切感知。

为了突出展品，设计者使用一件商周时期青铜盘心上的卷体龙纹做展览装饰。该龙纹以龙首为中心，身躯盘作一团，充满神秘色彩，将纹样矢量图等比例放大后放在上述三件文物背靠的橘黄色长墙中央，另找一件先秦时代青铜器上的鱼龙纹矢量图，取其局部放大后加在卷体龙纹两侧，丰富装饰画面，增强视觉效果。经过处理，这面长墙不再空旷，红山玉龙、商周卷体龙纹和文华殿内檐龙纹交相呼应，粗略示意出龙形演变的过程，让观众产生联想。更重要的是，设计者希望观众欣赏何尊之时，隐约看到背景墙上的卷体龙纹与何尊前后交叠，很可能因为龙纹自身的隐喻以及龙纹的狞厉之美，加深理解商周青铜器作为祭祀礼器和权力象征的存在。同时也因为龙代表中国，与何尊腹底铭文“宅兹中国”相呼应，设计者使用龙纹是有意突出这件青铜器最早记载“中国”二字的情况（图 8 ~ 图 10）。

图 8　文华殿前厅南墙纹饰设计

图 9　何尊与背景墙上的龙纹相呼应

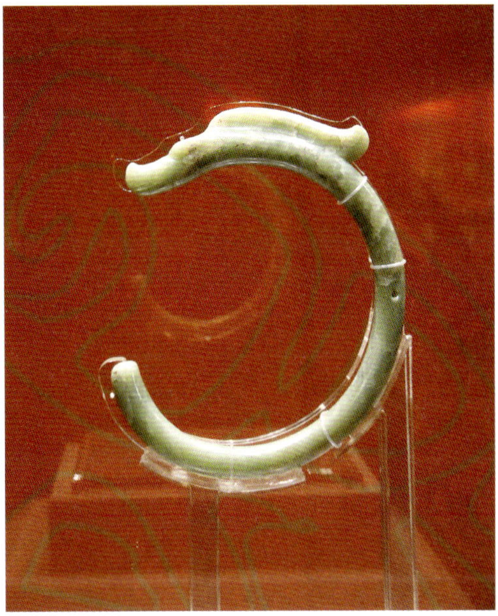

图 10　红山玉龙与背景墙上的龙纹相呼应

这是将两类概念上不同的整体事物对照放置，让其中一方通过另一方被理解的隐喻方法。青铜器何尊与卷体龙纹在概念上是不同的事物，却具有和“中国”相关的共性，将它们对照放置在一起，通过卷体龙纹的隐喻唤起观众对中国概念的联想，等于依靠二者所承载信息的相似性进行提示，让何尊铭文上作为符号的“中国”二字具象化。反之，又借助带有“中国”铭文的何尊与卷体龙纹的隔空对比，勾起观众对龙与中国密切关系的记忆。

“何以中国”展览的纹饰隐喻实践是针对特定展品的，卓有成效地凸显了展品内涵与意境，对细节内容做了信息延伸，它同色彩隐喻一样，在节约经费、适于展厅的情况下达到了深度解读抽象概念的目的。这说明，设计者在掌握展品知识、了解纹饰寓意的基础上，可以尝试在更大范围内运用纹饰隐喻，但要注意贴切适度。

四、陈列设计语境下的空间隐喻

博物馆线下展览的立体空间，包括展厅建筑、展柜、展品排列、展览参观流线、景观等，在陈列设计语境下，其是最大的设计元素。展览立体空间的规划是否合理与展陈效果好坏关系密切，它的创意余地很大，需要考虑的问题也很多，展品安全、观众安全、展厅条件限制等都是设计者应该首先想到的，所以这项工作可以说是戴着镣铐的舞蹈。

以展览空间做隐喻，需要先顾及客观条件的限制，然后由设计者根据展览需要和展品特征进行构思。因为空间的三维特性，加上自然光或灯光的参与，以空间为基础的隐喻可能表现力更强、更立体。例如，德国柏林犹太博物馆倾斜逼仄的通道和多个锐角形状的天窗给人压迫窒息之感，象征纳粹带给犹太人的苦难与伤害；日本江户东京博物馆内巨大的日本桥复制品是江户时代繁荣商业，以及东京新旧阶段过渡的暗示。出色的空间隐喻可以带来强烈视觉冲击，发人深思。

“何以中国”展览在故宫文华殿举办，古建筑场地的空间特性让设计者不便在此落实非常具象、宏大的实景搭建。对于主题宏大的展览而言，具体化的人造景观也不足以囊括其深邃内涵。设计者最终选择了概念式的空间隐喻方法，构思出三处展览重心。

前文提到的何尊、红山玉龙、良渚玉琮组合陈列是整个展览的核心亮点，设计者不但用色彩与纹饰增强气氛，还设计了用多根钢架构成的景观装置，把三台独立展柜罩在里面。这个景观立面为方形，顶部悬挂直径约 4 米、厚度约 8 厘米的圆盘形灯箱，象征玉琮形状，暗喻“天圆地方”理念。灯箱表层是取自南宋《天文图》石碑拓片的蔚蓝色星象图，周边装饰两圈蓝色半透明纱幔，象征浩瀚的宇宙和运转的星系。当观众欣赏何尊的展品时，仿佛在仰望浩渺星空，瞬间感知到文物所展现的敬天法祖的神秘气韵（图 11、图 12）。

来自河北博物院的长信宫灯是“何以中国”展览引人注目的一件文物，“充满了雄浑厚重的冲涌力量”[1]。它陈列在文华殿后厅中央，面朝狭长的工字廊，背靠一堵刷成暗红色的展墙。设计者在长信宫灯展柜上方吊挂了一个用钢骨和纱幔制成的华盖形装置，内

1. 李泽厚：《美的历程》，第 141 页，天津社会科学院出版社，2001 年。

图 11　根据南宋《天文图》设计的星空图

图 12　观众仰望“星空”

部加装灯带，通电之后发出朦胧的红光，非常吸引眼球。它一方面暗喻了长信宫灯尊贵的皇家属性，强调展品的重要性和独特美；另一方面暗喻中华文明之光生生不息，吻合长信宫灯的灯具属性和古朴气质，再一次升华了展览对中华文明的礼赞之情（图 13）。

“何以中国”展览以第三单元“汇”的第三节“汇流澄鉴”收尾，展示文渊阁及《四库全书》相关文物，讲述先人对中华文明精华的归纳总结。为了给整个展览画上完美句号并引向高潮，设计者参照文渊阁内遗留的清代木制书架，利用一台无法挪走却闲

图 13　长信宫灯景观

图 14　仿文渊阁内景设计方案

图 15　从“文渊阁书架”空隙回望展览

置的长条形平柜为基座，在展厅出口处设计了三段并排放置的仿造书架，并摆放 40 个《四库全书》书盒复制品于其内，让观众体验文渊阁内景样貌。与实际内景中书架连为一体的情况不同的是，展厅内的三段书架之间故意留有 1 米长的空隙，上部悬挂软帘。这样，当观众即将走出展厅，透过书架间隙回望展览，还可又一次远远地看到何尊等文物，不禁产生时空穿越的联想，对国宝们恋恋不舍。这带有空隙的仿制书架恰恰暗喻了先人对文化的代代传承和创新，暗喻了中国何以为中国，中华文明何以长盛不朽的答案（图 14、图 15）。

可见空间隐喻的构思需要设计者与内容撰写人沟通后对展览思想形成准确认知，合理利用空间，给有限的空间赋予无限的寓意。空间隐喻在展览形式设计中是更有力的表现手段，可以承载更多文化内涵。空间隐喻以点带面，与色彩隐喻及纹饰隐喻结合起来，运用“此处无声胜有声”的玄妙，为展览营造蕴含深刻思想的意境。

五、结论

“何以中国”展览在色彩、纹饰、空间这几个方面运用的隐喻手法，是从文学艺术领域借鉴而来，通过寻找设计元素与展陈思想、展品特征之间的相似性或共同点，在此基础上对设计元素加工创作，以含有深意的样式呈现在展览中，表达展览内容未能

图 16 “何以中国”展览实景

尽述的想法，抒发展览内核暗中隐藏的气韵（图 16）。

通过实践，隐喻手法不但拓展了展览形式设计思路，还有助于解决展览遇到的现实问题。隐喻设计往往是简单抽象的，给观众留出想象空间，所以隐喻设计有利于节约展览经费，有利于节省展厅空间，有利于概括复杂深奥的展览思想，有利于让观众沉浸到富有感情的展览中去，促进展览“以人为本”。

对于设计者而言，巧妙运用隐喻设计手法，需要具备解析展览内容的能力，还要在长期实践中积累知识和经验，再根据展览具体情况灵活变通。设计者应善于观察和联想，善于分析事物之间的关系。很多时候，“隐喻应当从有关系的事务中取来，可是关系又不能太显著；正如哲学里一样，一个人要有敏锐的眼光才能从相差很远的事物中看出它们的相似之点”[1]。

总之，“何以中国”展览设计是一种创新性实践，仅仅尝试了色彩、纹饰和空间的隐喻。随着参与式博物馆与多感知博物馆理念的发展，未来博物馆展览设计或许有必要并且也能够在更多方面融入隐喻，设计有形和无形的感悟方式。除了开启观众的视觉想象，还可以开启听觉、触觉、味觉、嗅觉诸多感官与大脑的联动机制，全方位将观众融入展厅环境中，与展品、展览和设计者共情。

1. 罗念生译：《罗念生全集》第一卷《修辞学》，第 342 页，上海人民出版社，2016 年。

工作委员会

总策划：慎海雄　李群　王旭东

总统筹：关强

策划：罗静　王跃工　于蕾

展览指导：金瑞国　任万平

展览统筹：许凯　吕成龙　张光耀　李永兴

策展团队：杨玲　赵丰　施磊　马林　赵曾健

总撰稿：金瑞国　单嗣平

形式设计：薄海昆　李怀玉

布撤展组组长：徐巍

布撤展组成员：李天垠　秦崇泰　高晓然　郑宏　马林　张林杰　林欢　施磊
见骅　哈少川　滕德永　刘国梁　付壹强　李若愚　赵曾健

借展团队：白杨　吕韶音　傅梦翔　董劼　王娟　宋雅彤　屠学军　任秀侠
崔婷　杨兮　王霞　张英　都都　钱九如

展览协调：焦丽丹　杜泽瑜　周宇辰　寇建雯

英文翻译：汪予

词条提供（按姓氏笔画排序）：

于秋伟　万秀锋　马欢　马林　王娅　王硕　王育茜　王振宇

王照宇　井娟　韦心滢　见骅　仇泰格　文金祥　巴桑潘多

付昶　付壹强　冯远　达微佳　吕静　刘苒　刘毓　刘冬媚

刘立勇　刘梦媛　刘晶莹　次仁占堆　李天垠　李成康　李逢源

李琼璟　杨芸　杨立为　杨国华　吴宁　吴倩　吴小燕　吴维羲

何先红　何孟君　何秋雨　何滢洁　何毓灵　宋敏　宋爱平　张涵

张红霞　张林杰　张晓蔚　陈莹　林彦中　罗宗真　郑宏　赵曾健

哈少川　施磊　贺达炘　秦崇泰　聂崇正　钱莺歌　徐琳　徐云彦

徐戎戎　郭玉海　黄英　梁勇　董彦卿　景闻　曾攀　翟毅　熊燕

樊海涛　魏晨

参展单位

河北博物院
山西博物院
内蒙古博物院
辽宁省博物馆
上海博物馆
南京博物院
苏州博物馆
苏州碑刻博物馆
浙江省博物馆
安徽博物院
福建博物院
山东博物馆
孔子博物馆
河南博物院
殷墟博物馆
湖北省博物馆
湖南博物院
广东省博物馆
四川博物院
四川广汉三星堆博物馆
云南省博物馆
西藏自治区布达拉宫管理处
陕西历史博物馆
秦始皇帝陵博物院
西安碑林博物馆
宝鸡青铜器博物院
甘肃省博物馆
敦煌研究院
新疆维吾尔自治区博物馆